誰も教えてくれない

真実の世界史講義 古代編

Nobody Teaches
Lecture on the True World History:
Volume "Ancient Times"
Kurayama Mitsuru

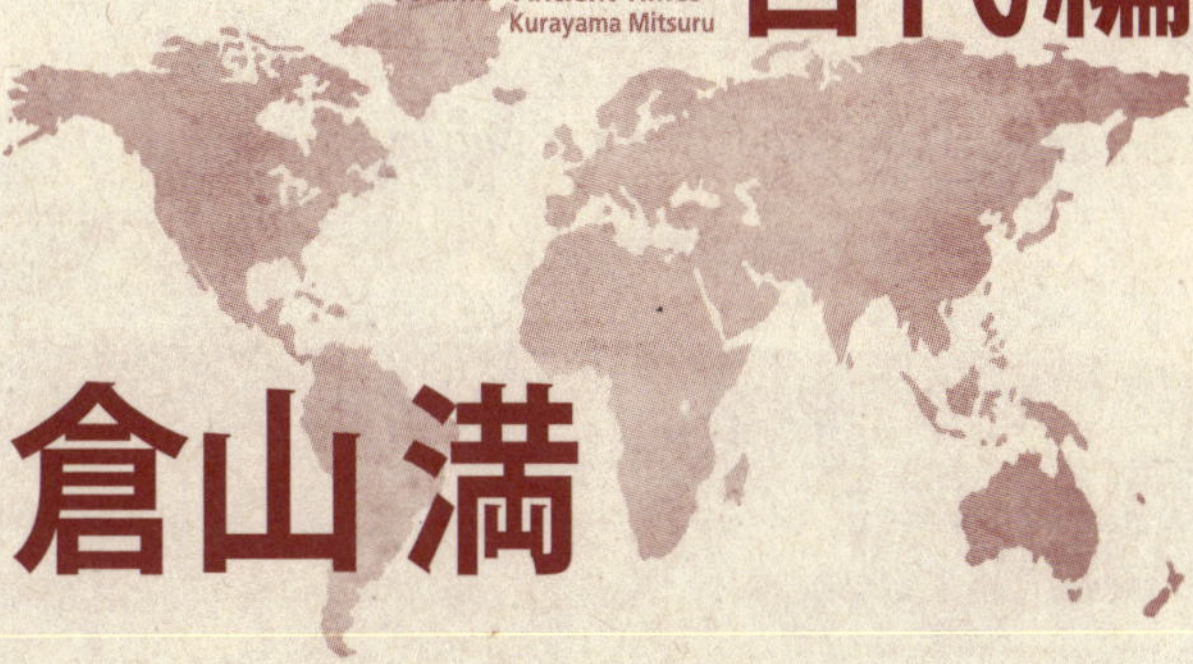

倉山満

PHP

はじめに

最初に断言しておきます。日本人が学んでいる「世界史」はニセモノです。

高校生になると、「世界史」の授業があります。しかし、あれは「世界史」の看板を掲げてあるだけで、本物の世界の歴史ではありません。お願いだから、「中華と西欧」みたいに、看板を正しく書き換えてほしいと思います。それで悪ければ、「東洋史の一部と西洋史の一部の野合」みたいに、正確な表記にしてほしいものです。

大学の史学科に入ると、専攻が日本史、東洋史、西洋史に分かれます。では、東洋史とは何か。「中華様とその他の歴史」です。西洋史とは何か。「イギリス、フランス、ドイツを中心としたヨーロッパとその他の歴史」です。

地図で見てください。「中国、イギリス、フランス、ドイツ」など、人類のごくごく少数の人たちにすぎません。なぜ彼らが、人類の中心なのか。彼らが「自分こそ世界の中心である」と言い張り、それを真に受けた東洋史や西洋史の研究者が鵜《う》呑みにして、教えているからです。

だから、日本で教えられている「世界史」は、世界の歴史でもなんでもない、偏った歴史になるのです。

日本人が描く西洋史にかかれば、ロシアやアメリカの歴史などはマイナー分野です。ロシアもアメリカも、ギリシャ・ローマに始まるヨーロッパ文明を源とするという発想です。ロシア人やアメリカ人が勝手にギリシャ・ローマを崇拝するのはかまいませんが、なぜ日本人までがそんな歴史観に付き合わねばならないのか。そもそも、ギリシャやローマなど、どれほどの文明だったのか。

東洋史家に至っては、周辺民族のことを「塞外《さいがい》」などと呼びます。まるで研究する価値がないかのような扱いです。では、現在は中華人民共和国の少数民族扱いされている満洲・モンゴル・回族（イスラム教徒）・チベットが、そんなに価値のない人たちなのか。子供だって、ユーラシア大陸に大帝国を築いたチンギス・ハンがモンゴル人だったことは知っています。モンゴル人は中国の一少数民族ではなく、むしろ過去に偉大な歴史をもつ民族です。

イスラム教の理解を抜きにして、現在の世界を語るのは不可能です。西欧にも中華世界にも多大な影響を与えています。しかし、既存の東洋史や西洋史の枠組みのなかで、イスラム教に正当な評価が与えられてきたでしょうか。

以上のことを並べてみただけでも、日本人が教えられてきた「世界史」が、いかにニセモノで、世界の歴史を知るのに不十分であるかがわかると思います。

日本人は幸い、ユーラシア大陸の殺し合いの歴史から超然としていられました。だからこそ、公平に世界の歴史を記すことができるはずです。

そして、ここ数百年ほどは不幸なことに、日本も超然と暢気に生きることができなくなってしまいました。だからこそ、生き残るためには、世界の歴史の真実は何なのかを知らねばなりません。

本書では、〝日本人ならばこれくらいは知っておくべき〟教養としての世界の歴史を講義します。

なぜ歴史を学ぶのか。

はっきり言います。歴史を学んでも、いいことなんかありません。あっても大したことはありません。

挙げられるかぎり挙げても、五つくらいしか思いつきません。

一、正しい事実がわかる

二、現在の自分の立ち位置がわかる
三、未来に何をすべきか見えてくる
四、他人の嘘を見抜けるようになる
五、頭が良くなる

この五つはいらないというなら、私は歴史を学べとは言いません。しかし、日本人が自分の頭でモノを考えて生きていくには、絶対に歴史を、世界の歴史を学び、自分たちが何者であるかを知るべきです。

われわれ日本人は、不完全な東洋史と不完全な西洋史の野合にすぎない世界史に騙されてきました。

もうこれからは騙されたくないと思う読者諸氏に本書をお届けしたいと思います。

二〇一七年一月

倉山　満

誰も教えてくれない
真実の世界史講義　古代編

目次

第二章　紀元前の世界

第三章　消された真の先進地域

第四章　ほんとうは怖いキリスト教の誕生

第五章　暗黒の世紀の始まりと東西の明暗

第六章　世界の大激動と東西衝突

装丁――芦澤泰偉
カバー写真――shutterstock

第一章　文明の発祥——どこが文明の先進地域だったのか

第一節　圧倒的な文明先進地域

人類の歴史のなかで長いあいだ、圧倒的な文明先進国として常に栄えていたのはオリエントです。ヨーロッパや中国ではありません。米国、ロシアなどは問題外です。

オリエントとはどこなのか。今でいう中東あたりのことです。

オリエントとは、古代ローマ人がラテン語で「昇る」という意味の言葉から使いはじめた、エジプトからメソポタミア、インダス川あたりまでを指す言葉です。メソポタミアは今のイラクあたりです。

オリエントという言葉はたんに地理的な範囲を示していたのではありません。歴史上、早くから文明が進んだ先進的な地域とその社会を指していたのであり、ヨーロッパ人の憧れが込められた言葉なのです。

◉世界最古の土器が日本で見つかった

では、日本はどうだったのでしょうか。

世界最古の文明は日本でした。

そんな断定的な表現が気に入らない人のために言い直せば、「世界最古の文明は日本だった（今のところ）」と考えられる事実が、次々と発見されています。

ただし書きとして「今のところ」としたのは、考古学の世界、とくに原始時代に近いところは遺跡が少しでも発掘されると、歴史の教科書が全部書き換えられるようなことが多々起こるからです。

世界最古の土器が日本で発見されています。一万六〇〇〇年前のものとも、一万八〇〇〇年前のものとも言われています。いずれにしても世界最古です。

人類の文明が急速に進んだのが約一万年前と言われますが、それよりも、もっと古い時代のものなのです。

土器があるということは、すなわち火を使っていたということです。世界で最初に焼き肉を食べていたのは日本人ではないかと考えられるくらいです。もちろん、私たちが現在食べているような焼き肉という意味ではなく、肉を火で加熱処理して食べていたという意味です。火を使い、加熱処理したものを食していたのは、当時の文明の最先端だったと言えるでしょう。

また、世界最古の磨製石器が発見されているのも日本です（今のところ）。群馬県の岩《いわ》宿《じゅく》で槍先型尖頭器が発見されたのを皮切りに、三万年以上前の磨製石器が、全国各地で

1949年に群馬県の岩宿で相沢忠洋が発見した黒曜石の槍先型尖頭器

発見されています。これらはオーストラリアの約二万五〇〇〇年前、ロシアの約一万四〇〇〇年前のものよりも、ずっと古いのです。

さらに三万八〇〇〇年前には、本州から神《こう》津《づ》島《しま》（伊豆諸島の一つ）に黒曜石《こくようせき》（火山岩の一種でガラスに似た性質をもち、割れたところはとても鋭利になる）を採取しに行き、磨き上げて使っていたということがわかっています。

土器にしろ、石器にしろ、調理にしろ、いろいろな点で、世界のなかでも古くから、日本は文明的だったのです。その事実をまず押さえましょう。

第二節　「四大文明」にヨーロッパは入っていない

「世界の四大文明」という言い方があります。

四大文明が指すのは、西から、ナイル川流域に起こったエジプト文明、チグリス川・ユーフラテス川流域のメソポタミア文明、インダス川流域のインダス文明、黄河流域の黄河文明の四つの文明です。それぞれの文明を川の名前とともに覚えさせられた人もいるでしょう。

最近は四大文明という言い方が胡散《うさん》くさいと言われています。最初に四大文明と言ったのはどうやらチャイニーズで、清朝末期のことだったようです。滅ぶ寸前の自国（清国）にも誇れるものがあったという内容の詩をつくり、それがもとになっているなどと言われているようです。はっきりしていることは、「世界の四大文明」という言い方には、確かな論拠がないということです。

そんなチャイニーズの妄想から生まれた四大文明ですが、そのなかにヨーロッパは入っていません。黄河以外はすべてがオリエントです。

◉地中海アフリカのほうが文明先進地域だった

エジプトはアフリカ大陸の地中海に面したところで、地中海アフリカです。この地域は同じ地中海に面しているヨーロッパよりもよほど先進的でした。メソポタミア、インダスは先ほど言ったようにオリエントです。チャイニーズが言い出したことなので、黄河が入っているのは致し方ないでしょう。

なぜ、ヨーロッパはどの地域も入っていないのかというと、答えは簡単です。人類の文明の曙のころのヨーロッパは先進地域でもなんでもなく、ユーラシア大陸のヨーロッパ半島という地名でしかなかったのです。はっきり言えばヨーロッパは片田舎の僻地《へきち》だったのです。二一世紀の現代においても、エジプトやイラクなどがヨーロッパに対して「誰だよ、お前。この田舎者、成り上がり者」といった態度をとるのは、歴史の記憶と認識があってのことです。

日本の学校教育で四大文明という言葉を教えているようですが、そのなかにヨーロッパは入っていないという事実は指摘されません。教えている先生自身が、欧米白人至上主義のような価値観で、とにかく日本は遅れている、劣っているという見方をするので、そんな事実すら見えてこないからです。少しは疑問に思ってほしいものですが。

このような考え方は、なにも戦後史観に特有のことではありません。明治時代からすでにありました。明治の開国の際に、欧米諸国に追いつけ追い越せとやっているうちに、ヨーロッパや米国のほうが先進的だと勝手に思い込むようになり、欧米に対するコンプレックスが増幅されてきた結果です。

そのような勝手な思い込みをやめて、不要なコンプレックスの再生産をしないためにも、私はこの本で「歴史観」についてもきちんと説明していこうと思います。

ところで、この本は古代史がテーマですから当たり前ですが、アメリカという言葉はこ

世界の四大文明?

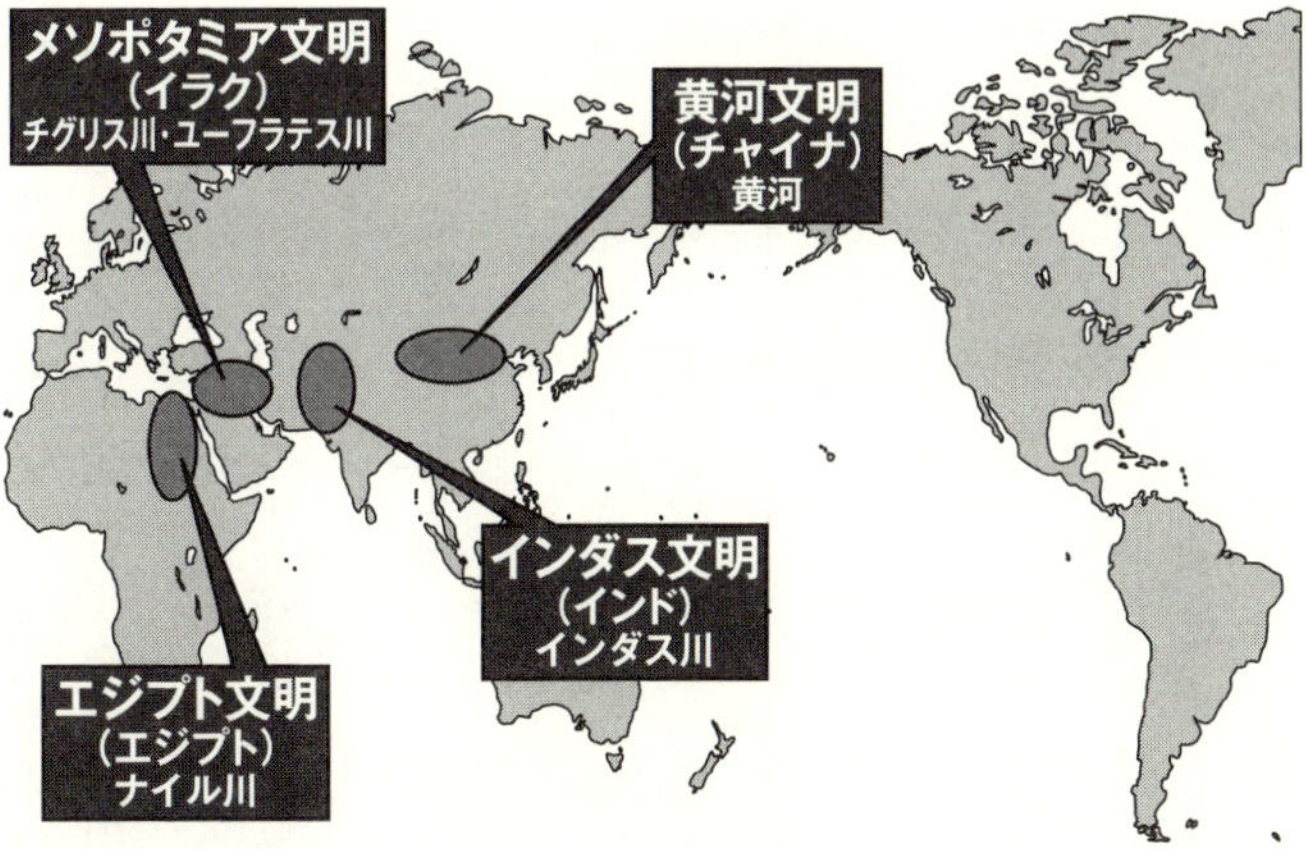

の先、本筋の話には登場しません。

古代のアメリカといえば、マヤ文明、インカ文明が栄えた、今でいうメキシコやペルーのことを意味する言葉です。けっしてアメリカ合衆国のことではないのです。

アメリカ合衆国という国は一八世紀後半、ブリテン島の落ちこぼれが行ってつくった国ですから、建国して二五〇年にも満たない、よく言えば若い国なのです。米国は逆に、そうしたことにコンプレックスを抱いていて、その裏返しで歴史を好き勝手に書いたりします。私はことあるごとに言っていますが、ジョージ・ワシントンの有名な桜の木の話や独立戦争で語られるようなことは、まるで手塚治虫のマンガです。マンガという言い方で悪ければ、国民を鼓舞するために作り出されたプロパガンダ物語だと言っておきましょう。

米国やロシアは、現代においては大国だと言われますが、古代史にはまったく登場しない国なのです。

それでは、当時の文明先進地域、オリエントの古代を見ていくことにしましょう。

第三節　エジプト文明

約五〇〇〇年前、紀元前三〇〇〇年頃、エジプトが統一され、王朝史が始まりました。最初の王朝は第一王朝と呼ばれています。

それ以降、この第一王朝がずっと続いたのではなく、紀元前三三二年にアレキサンダー大王に踏み潰されるまでに、じつに三一の王朝が興亡を繰り返しました。平均すると、一〇〇年に一度の割合で王朝が代わった計算になります。

私たち日本人には、一〇〇年ごとに違う王朝になるという感覚は摑めません。無理です。日本の皇室が世界最長不倒（公称二六〇〇年以上、最短説でも一三〇〇年以上）ですから、王朝交代ということが肌感覚としてわからないのです。王朝ではなく政権が代わっただけの、鎌倉幕府（約一五〇年）、室町幕府（約二四〇年）、江戸幕府（約二六〇年）などと比べても、相当短いと言えるでしょう。

エジプトは王朝の興亡を数多く経験しましたが、アレキサンダー大王に征服されたあとも、プトレマイオス朝（紀元前〈以下、前〉三〇四年～前三〇年）として復活して、クレオパトラ（在位前五一年～前三〇年）が登場するなど、たくましい一面も見せます。

エジプトといえば、なんといってもピラミッドです。約二五〇〇年前に造られたピラミッドは、当時のエジプトの天文学をはじめ、測量術や土木技術などの科学技術が驚異的に進んだものであったことを示しています。

そんなピラミッドが後世、思わぬところで影響を与えたという、こんなエピードがあります。

中国の江沢民《こうたくみん》がエジプトを訪れたときのことです。ピラミッドを見せられ、エジプト側の案内人から、「どう少なく見ても二五〇〇年前には造っています。なにせ五〇〇〇年前から、うちには文明がありましたから」という説明を受け、江沢民は驚くと同時に対抗心を燃やしたのでしょう。「よし。黄河文明は六〇〇〇年前からあったという証拠を探せ」と号令をかけ、発掘チームを作ったということです。その後、そんな証拠が見つかったのか、はたまた、捏造されたのかどうかまでは確認していません。

ところで、ピラミッドは周りに砂漠が広がるだけの、何もないところにあるイメージですが、ギザの三大ピラミッドなどは街中にあります。ゴチャゴチャっとした市街地の一角にある観光名所です。今はエジプトにも外国資本が多く入り、世界的に有名な企業の看板などが、ピラミッドとスフィンクスのすぐ近くに立っているというありさまです。

ナイル川流域は農業文明発祥の地と言われるくらいで、早くから豊かな穀倉地帯でもありました。ナイル川の定期的な氾濫《はんらん》による恩恵を受けていたからです。

ナイル川の氾濫は、その時期が予測可能というだけでなく、緩《ゆる》やかなもので、上流の肥沃な土を運び、周りの土地を耕す効果をもたらすものでした。そんなナイル川のおかげで、当時のエジプト人は労せず穀物の種をまき、収穫していたのです。

はるか昔の先祖のライフスタイルや人生観であっても、ある意味、DNAのように受け継がれるところがあります。苦労することなく収穫を手にし、生きてきた先祖をもつエジプト人の仕事に対する考え方は、階層によって違いがあるものの、日本人のそれとは異なるようです。外資系の会社で働いていた私の知人がエジプト人と一緒に働いて、そうしたことを実感したとこぼしていました。

◉ローマ字、ギリシャ文字、キリル文字の起源

エジプト文明の影響は、現在の私たちの生活のもっと身近なところにもあります。

たとえば時間の表し方です。それまで一日を二〇時間だとしていたのを、二四時間にしたのは古代エジプト人です。紀元前一三〇〇年頃には、現在の等分するやり方とは少し違っていましたが、昼を一二時間、夜を一二時間とする方法をとっていました。そんな方法を編み出していたのです。

また、古代エジプトはヒエログリフという象形文字を使用していました。一見すると絵に見える文字です。ヒエログリフが誕生した時期がいつなのかは特定できていないようですが、紀元前三二〇〇年頃から紀元前三一〇〇年頃には使われはじめ、三〇〇〇年間は使われ続けていました。

欧米諸国で使われる文字（ローマ字、ギリシャ文字、キリル文字）の起源はヒエログリフにあります。

ざっと見ただけでも、エジプト、地中海アフリカは当時のヨーロッパとは比べものにならないくらい進んでいましたし、同じ地中海沿岸の北側よりも進んでいる地域でした。

時代として、ずっとあとの話になりますが、絶頂期のオスマン帝国がエジプトからモロッコまで、地中海アフリカをすべて押さえていたことは、いかにこの地域が文明的で重要なところであったかを物語るものです。

第四節　メソポタミア文明

今のイラクにチグリス川、ユーフラテス川と呼ばれる二つの川があります。チグリス川もユーフラテス川もトルコの山岳地帯が源流です。ユーフラテス川が一部シリアを流れるものの、その地域を除けば二つの川は現在のイラクのほぼ中央部を並行するように北から南に流れ、イラクの南部で合流したあとペルシャ湾に注いでいます。ちなみに、合流地点から先はシャットゥルアラブ川と呼ばれます。

メソポタミアとは「川と川のあいだの土地」を意味する言葉です。チグリス、ユーフラテスの両川に挟まれ、両川の流域に沿って北から南に伸びる地域がメソポタミアです。メソポタミア全域は現在のイラクの中央部とほぼ重なっています。また、メソポタミア地域は南北に大きく分けられ、南部がバビロニア、北部がアッシリアと呼ばれ、南部のバビロニアはさらに南北に分けられ、南部がシュメール、北部がアッカドと呼ばれてきました。

メソポタミア文明とはメソポタミアに起こった文明のことを指しますが、この地域にはじつにいろいろな文明が起こりました。

ここではそのなかのバビロン第一王朝について取り上げ、その他のものについては後の章で触れることにします。

◉ハンムラビ法典——弱い者いじめを禁じた

紀元前一九世紀の初めにアムル人（セム語系遊牧民）が建国した王国が、バビロニアです。この王国は、バビロン第一王朝、あるいは、古バビロニア王国と呼ばれます。都はバビロンと呼ばれる都市でした。

ヘロドトス（前四八五年頃〜前四二〇年頃。現存する人類最初の歴史書を著した古代ギリシャ人）が、著作『歴史』のなかで、バビロンの町がいかに巨大で、整備され、美しく、立派で、穀類が多くとれる豊かなところかということを伝えています。

そのように書かれた、豊かで文明の進んだ古バビロニア王国の第六代の王が、有名なハンムラビ王です。ハンムラビ王が在位していた紀元前一七九二年頃から紀元前一七五〇年頃の約四〇年間が、古バビロニア王国の最盛期でした。

ハンムラビ王はハンムラビ法典を制定しました。即位の翌年ぐらいの制定で、世界で二番目に古い法典です（今のところ）。かつては世界最古の法典と言われたこともありましたが、研究の結果、古いほうから二番目くらいだそうです。ちなみに世界最古と言われて

ハンムラビ法典が刻まれた石棒
（ルーブル美術館所蔵）

いる法典も、やはりメソポタミアのもので、ハンムラビ法典よりも三五〇年くらい古い、「ウル・ナンム法典」です。

ところで、ハンムラビ法典の有名な「目には目を、歯には歯を」の表現が「やられたらやり返せ」という意味だと誤解されています。そうではなく、同じ身分の者同士の場合は対等の刑罰まででやめておけ、という意味なのです。身分が違う者同士、たとえば、身分が下の者が、自分より身分が上の者に手を出した場合には厳しく、片目をやられたら、両目をやってしまえというような差は出てくるのですが、身分が対等ならば、半沢直樹《はんざわなおき》のような倍返しも、また泣き寝入りもしてはダメということを示す表現なのです。

ハンムラビ王がハンムラビ法典を制定した目的は、一言で言えば、弱い者いじめがないようにということでした。

約三八〇〇年も前に、このようなことを目的として掲げた法律を制定したのです。メソポタミア文明がどれほど先進的だったかということです。

メソポタミア文明にも特有の文字、楔形文字《くさびがたもじ》がありました。この文字はシュメール人が作り出したもので、紀元前三五〇〇年頃から使われはじめ、メソポタミア地方でその後三〇〇〇年間は使われていたと言われています。

メソポタミア（今のイラク）が押しも押されもせぬ大文明国だったということがわかっていただけたでしょうか。

ここ一〇〇年ぐらいの中東情勢は混乱し、今に至るまでずっともめていますが、そのもめている原因には、欧米が大きく関わっています。ここではそれを指摘するだけにとどめておきましょう。

第五節　インダス文明

次にインダス文明について説明しましょう。

インダス川流域で栄えたからインダス文明です。東のガンジス川に対し、西のインダス川と覚えてください。

では、この地で具体的に何があったのかというと、青銅器を使っていたとか食糧庫の跡があるとか、考古学的なことは発見されていますが、文字史料が残っていないのです。ギリシャやチャイナのような神話すらないのです。

それもそのはずで、インド人には「歴史」という感覚、文字に記録を残すという習慣が長らくなかったのです。たいていが口承《こうしょう》です。たとえば有名なお釈迦様（ゴータマ・シッダールタ）ですら、いつの時代の人なのか二〇〇年くらいの幅があるのです。紀元前六二四年生誕説から、紀元前四六三年生誕説まであります。

インド映画を観ていると、ストーリーのはざまで出演者全員が突然踊り出すシーンによく出くわします。あれは、あの世の神様と交信しているのです。話がこの世だけで完結しないのですから、われわれ日本人が想像するような「歴史」という概念が成立するはずがないのです。

むしろインド人にとって、大事なのは宗教です。とはいうものの、主要宗教だけでもカーストと言われる身分制度で知られるヒンズー教、厳しい苦行で知られるジャイナ教、ヨガで知られるシーク教があり、現在のインドではイスラム教とキリスト教が二位、三位の人口を誇るほどです。言語に至っては、公用語だけで二二個あります。

◉チベットはインド文化圏

ところで、インドって何でしょう。

文明としてのインド、あるいは地名としてのインドは、今のインドの他に、パキスタン、バングラデシュ、スリランカあたりを指します。周辺諸国のネパールやブータン、あるいはアフガニスタンあたりまで含めて「南アジア」という言い方をすることもあります。

現在は中華人民共和国に編入されてしまっているチベットもインド文化圏です。チベットは長らく独自の国でしたが、清朝に飲み込まれました。それが中華民国に代わるとイギリスの勢力圏になり、中央政府の影響力が及ばなくなります。その後、中華人民共和国を打ち立てた毛沢東が、インドとの抗争に勝ってチベットをわがものにしています。

チベットの指導者であるダライ・ラマ法王がインドを頼るのは、歴史的にも文化的にも現実政治の都合でも、きわめて自然なことです。

今のインドを中心とした地域で、多くの王朝が興亡を繰り返しました。しかし、今挙げたすべての地域を統一した王朝はありません。なんとなく似たような文明圏としての気分はあっても、「インド」という統一的な意識はなかったのです。

現在のパキスタンなどは自分たちをインドとは思っておらず、むしろ「イスラムの民」だと思っています。とにかくインドはバラバラなのです。

また、基本的にインドは独自の文明圏です。ときどき外敵の侵入を受けることはありましたが、自らの意思で世界史のメインストリームと関わることはありません。

隣国のペルシャとはしばしば小競り合いをしますが、大戦争にはなりませんでした。ペルシャを滅ぼしたアレキサンダー大王が勢いに乗って侵入したときも、撃退しています。はるか時代が下って、ユーラシア大陸全土に大帝国を築いたチンギス・ハンのモンゴル帝国も、インド（デリー・スルタン朝）は征服できませんでした。とはいうものの、モンゴルの文化的影響は多大でしたが。

一五二六年にモンゴルの末裔であるティムールの子孫バーブルが建てたのがムガール帝国です。ムガールとはまさに「モンゴル」のことです。

このムガール帝国には多くの藩王（マハラジャ）がいて、皇帝の支配に服しました。しかし、文化はバラバラでした。

インドはその後、ヨーロッパ人によって次々と侵略、撃破され、最後は大英帝国に飲み込まれてしまいます。その話はいずれしましょう。

第六節　黄河文明とチャイナ

チャイナ（支那・中国）のことは、日本人が間違った世界史認識をしてしまう根本ですから、詳しくやりましょう。

チャイニーズの歴史操作はいつものことですが、「中国三〇〇〇年の歴史」という言い方をしていたのが、いつの間にか「中国四〇〇〇年の歴史」になり、今や堂々と「中国五〇〇〇年の歴史」と言ってはばかりません。三〇〇〇年、四〇〇〇年と言っていたのを記憶している人はさすがにおかしいと気づきはじめていますが、「中国五〇〇〇年の歴史」と初めて聞く子供などはこれを信じてしまいます。歴史操作は身近なところにまで及んでいるのです。ちなみに、私は清華大学が作った「中国六〇〇〇年年表」を見たことがあります。

巧妙な言い換えにも要注意です。

黄河文明に代えて、最近では中華文明という言い方をする向きがあります。中華文明と言いたがるのは、「中国にあるのは黄河文明だけではない。ほかにもたくさんある」ということのようです。

世界で一番「中華文明」の偉大さを喧伝《けんでん》しているのは、日本でしょう。それも某公共放送で。中国に代わって中国以上に広めているのですから、始末におえません。

黄河文明も中華文明も、「お前らは何を指して言っているのか」という疑いの目で見な

チャイナは中華人民共和国のごく一部にすぎない

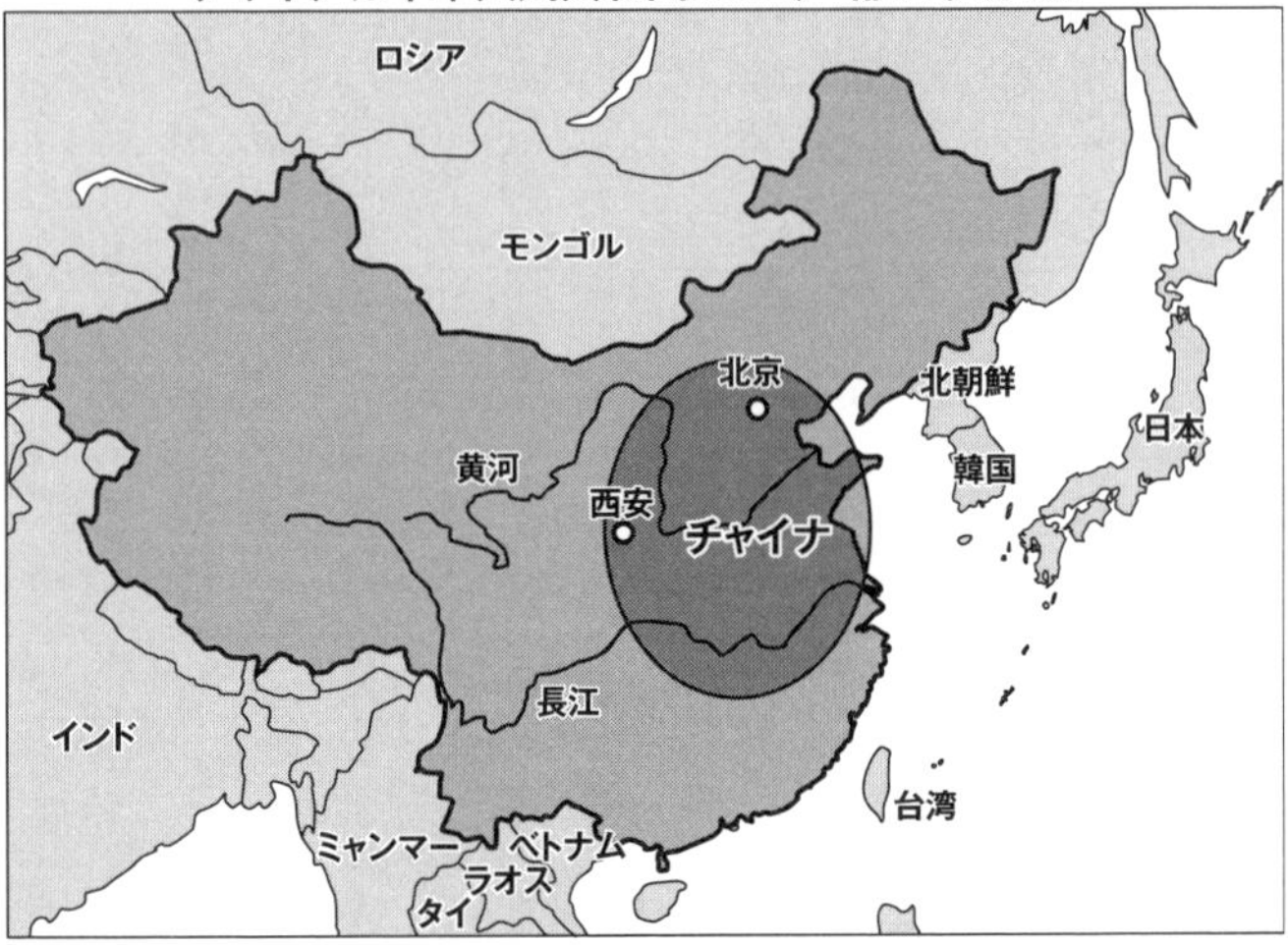

ければなりません。

そもそも、中華人民共和国が自国の領土だとするところはチャイナではありません。

チャイナの範囲は、黄河、揚子江《ようすこう》（長江の下流部分をこう呼ぶ）、そして西のほうにある西安《せいあん》の三カ所に囲まれる部分だけです。現在の中華人民共和国の範囲のごくごく一部にすぎません。

現在の中華人民共和国にはチャイナ以外のところが多く含まれています。

東北には満洲、北はモンゴル、西北に新《しん》疆《きょう》ウイグル（東トルキスタン）、そして西には雄大な山々のチベットがあります。じつに多くの人が、この四つを足した、すべての範囲が中国だと思っていますが、それがまず間違っています。

今挙げた四つの地域を全部足して、これが中国だと言い出したのは、ほかでもない毛沢東なのです。中華民国の蔣介石でさえ、さすがにそんなことは言いませんでした。

日本の中国史や東洋史の専門家にとっては、どこがチャイナなのかということはあまりにも当たり前すぎるので、専門家がチャイナの範囲を明確に言うことは滅多にありません。専門家が毛沢東の言ったチャイナの範囲をはっきりと否定しないので、毛沢東のプロパガンダにまんまと騙され、思い込まされて、じわじわとそれがチャイナだという認識になってしまったのです。専門家の罪も重いと言わざるを得ません。

そんな困った人たち、チャイニーズの歴史観はどうなっているのでしょうか。

◉舜から禅譲された禹が夏王朝を築く

三皇五帝《さんこうごてい》という言葉があります。

三皇は天皇《てんこう》、地皇《ちこう》、人皇《じんこう》という三人の皇《こう》（すめらぎ）がいたことを表しています。これは神話ですから、三皇が具体的に誰なのかを考える必要はありません。

次の五帝も、五人の帝《みかど》がいたという意味です。初代の帝が「黄帝《こうてい》」であるとされています。中国で黄色は皇帝の色だから尊いと考えるのはここからきたものです。他の四人が誰で、五帝が誰なのかは諸説あるようですが、いずれも史実ではありません。

五帝のうちの最後の二人に挙げられる堯《ぎょう》と舜《しゅん》については、どう考えられているかを押さえておきます。チャイニーズの考え方を知るうえでのポイントです。

堯と舜は徳のある人だったと考えられています。この徳がある、徳がないという言い方が人物を判断するための大事な基準であるところに、チャイニーズの考え方の特徴があります。堯が舜に帝の位を譲った、すなわち徳のある君主から徳のある臣下に帝の座が譲られたことになっていて、これを禅譲《ぜんじょう》と称しています。

次に、舜から禹《う》（前一九〇〇年頃）に禅譲され、禹は最古の王朝である夏《か》を築き、夏王朝の初代の王になりました。しかも、その禹は黄帝の玄孫《やしゃご》とされ、あたかも血の繋がりがあるように語られます。

チャイニーズの本音は、自分たちの歴史に血の繋がりが欲しいのです。

◉支那に万世一系はない

本当はまったく血の繋がりのない者のあいだの王朝交代なのですが、血の繋がりを匂わすような玄孫ということにしたのでしょうか。でも、どうやっても血は繋がっていないわけですから、せめて禅譲という形にしたというところでしょうか。

支那に万世一系はない！　彼らがどうやっても覆せない事実です。

神話の段階でさえ血の繋がりが認められないのです。ましてや歴史の事実ともなれば、万世一系など望むべくもありません。

ここで気づいたでしょうか。チャイニーズは本音では、日本の皇室がうらやましくて仕方がないのです。

宋ぐらいの時代から、日本の皇統の万世一系を羨む態度がはっきりと表れてきてはいました。いいなあと羨むぐらいならかわいいものですが、それが高じて日本の皇室をなきものにしようと考えるようになり、今に至るわけです。

チャイニーズの日本に対するなんとも歪んだ感情、コンプレックスが彼らの神話から透けて見えます。

中国史を眺めたときに、あるパターンが繰り返されてきたことに気づきました。詳細は小著『嘘だらけの日中近現代史』（扶桑社新書）を参照していただくこととして、そのパターンを少し説明しておきます。

一、新しい王朝が成立します。
二、新しい王朝の王が真っ先にやることは、それまで自分に尽くしてくれた臣下を殺すことです。優秀な家来は明日のライバル。温情をかければ、いつ自分がやられるかわかったものではありません。チャイナの皇帝にとっては昔の友情などは邪魔になるだけで、知ったことではない、ということです。

三、次に、対外侵略戦争を仕掛けて、自陣営の人減らしをします。戦争を仕掛ける目的はあくまで味方の人減らしですから、戦争そのものに負けてもかまわないのです。

四、漢字の一斉改変を行い、同時に改竄《かいざん》歴史書を作成するなど、好き勝手、やりたい放題をやります。このころに、たまに名君と言われる人物が出てくることがあります。

五、閨閥《けいばつ》、宦官《かんがん》、官僚といった、皇帝の側近もやりたい放題をやります。そうしたことがひどくなってくると、さらに状況は悪化します。

六、全国に秘密結社ができて、農民反乱が全国で起こるようになります。しかし、農民反乱の一発や二発で王朝は倒れません。なぜなら、そもそも暴力を独占することに成功した者が皇帝の地位に就いているからです。しかし、農民反乱も頻発するようになれば話は別で、ボディーブローのように効いてきます。

七、最後は、地方軍閥が首都に乱入し、王朝を倒します。

――そして新しい王朝を立てる、というように一に戻り、同じことを繰り返すのです。

もっとも古代中国では、四にあたる、漢字を一斉に改変したり、改竄歴史書を作成するなどの段階はありません。改変する歴史書そのものがまだ存在しないからです。しかし、どの時代においても、この一から七までの基本的なパターンから抜けられず、延々と繰り返してきたのです。

今現在の中国は六の段階、すなわち、農民反乱があちこちで起きている段階と言っていいでしょう。一つ前の段階の、側近のやりたい放題と農民反乱が同時に起きているのか、それとも、側近のやりたい放題が終わらないうちに農民の反乱が起きるようになったのかは、判断が難しいのですが、最終段階に起きる地方軍閥の中央乱入がいつ起きてもおかしくない状態と言えます。

このパターンが頭に入っていると中国史が見えてきます。

◉肉山脯林と酒池肉林

古代中国の話に戻りましょう。

三皇五帝と言われる理想の帝の最後に挙げられる、禹が夏王朝を建国したところまででした。神話に限りなく近い伝説ですが。某国の某公共放送によれば「夏」は「華」に通じるそうですが、よくわかりません。

その夏王朝はだんだん国が乱れ、桀《けつ》（夏王朝の最後の王）の治世には暴政が敷かれ、その乱れようは肉山脯林《にくざんほりん》と称されるようなありさまでした。

そんなことをしていては、人心が王から離れていくのは当たり前です。

夏王朝の桀から離れた人心は、今度は商《しょう》という地方の、湯《とう》という領主に集まります。つまり、湯に徳があるということになり、天命によって湯が殷《いん》を建国しました。チャイナにおける王朝交代はすべて「天命による」ことになっています。たんなる勝者の自己正当化です。

殷は紀元前二〇〇〇年頃から紀元前一一〇〇年頃に、今の河南省《かなん》あたりに王朝を立てたと言われています。夏王朝は伝説ですが、殷王朝は殷墟《いんきょ》と呼ばれる遺跡が見つかっていて、今のところは史実と見なされています。

殷は天命により建国したはずなのですが、しばらくすると、まるでそうなるのが約束事であるかのように、殷の国もだんだん乱れ、最後の王・紂《ちゅう》のときに暴政が敷かれ、今度は酒池肉林《しゅちにくりん》と言われるような贅沢三昧を繰り広げたので、人心が離れていきました。

夏王朝から殷王朝になって何が変わったのかというと、肉山脯林から酒池肉林に変わっただけで、基本パターンは同じです。どちらの王朝も、固有名詞を変えればコピペ（コピー＆ペースト）で書けてしまいます。

王や国の名前が変わっても、やっていることがあまりにも同じなので、読んでいてもおもしろくないと思います。歴史的事実を紹介するためとはいえ、これを書いている私も苦痛です。

しかし、おもしろくないからといって歴史の事実を勝手に変えることはできません。もう少しだけご辛抱願います。

◉武王が「天命によって」周を建国

人心は殷王朝最後の紂から離れ、のちに文王《ぶんおう》と呼ばれる昌《しょう》という人に集まり、その息子、武王《ぶおう》のときに「天命によって」周を建国しました。紀元前一〇四六年のことと考えられています。

このことから「湯武放伐《とうぶほうばつ》」という言葉ができます。放伐は、天命によって、力ずくで悪い奴を追い出すという意味です。ただし、「追い出す」と書いて、「皆殺し」と読むことに注意してください。

禅譲と放伐のあいだにどれほどの違いがあるのか、非常に疑わしいところです。禅譲と称してはいても、どう考えても実態は放伐だという場合も多く見受けられます。禅譲というのはだいたいが脅迫ですし、放伐はそんな脅迫に応じない奴を実力行使で追い出すことなのですから。

徳がなくなった王の地位に、天命によって徳のある者が取って代わり、王朝を改めることを易姓革命《えきせいかくめい》と称し、そのやり方に禅譲と放伐の二とおりのやり方があるとされます。禅譲にしろ、放伐にしろ、王の地位を得るためにありとあらゆる野蛮なことをすることに違いはありません。世襲をしないというのは、そういうことなのです。別の言い方をすれば、世襲はかなり健全なやり方であるということです。もちろん、無条件にそうではありません。世襲で野蛮なことが引き継がれ、行われている某半島の例もありますから。

古代中国では、国と称した殷も周も、都市が点在しているだけです。人が住んでいるところを城壁で囲えば、そこが一つの国になるので都市国家と呼ばれます。これはギリシャのポリス（都市国家）と同じです。都市国家という単位で商業も営まれるので商業都市という性格も出てきます。

都市国家が点在するだけで、王といえども面を支配するには至っていません。ですから、このころの周王と諸侯の関係は、王がいて、そこから離れたところに諸侯がいるというぐらいのもので、王の諸侯に対する支配力はたいしたことがありませんでした。王の支配力が諸侯に及ばないので、のちに分裂していくことになり、諸侯が争うようになる春秋・戦国時代に突入していきます。

周の幽王《ゆうおう》が犬戎《けんじゅう》という西のほうの異民族に殺されて、周は一旦滅亡しました（前七七一年）。その翌年、次の王、平王《へいおう》が、洛邑《らくゆう》（現在の洛陽《らくよう》）に遷都して東周《とうしゅう》をつくるのですが、それも都市国家で、やはり統制がゆるく、王の権力はだんだんと弱くなっていきました。

王権が弱くなるにつれて他の諸侯が独立的になり、諸侯同士が覇権をめぐって争う、春秋時代と呼ばれる時代が始まります。日本で言えば、ちょうど室町時代から戦国時代に入ったころに似ています。すなわち、室町幕府はあるけれど、各地で戦国大名が勝手なことをやっていたのに近い状態です。

周という形式的に起こった王室がなくなってからは、より混乱した戦国時代となっていきます。それは後の章で改めて書くことにしましょう。

古代中国文明として挙げられるものについて触れておきましょう。

現在、古代中国の文字でもっとも古いと考えられているものが甲骨文字《こうこつもじ》です。また、甲骨文字が漢字の起源だとも言われています。

甲骨文字とは、亀の甲羅、鹿の骨などに刻まれていたことから出てきた名称です。

古代中国では、王位継承、軍事、農事などを占いで決める神権政治が行われていて、その占いに亀の甲羅などがよく使われました。亀の甲羅に少し傷をつけ、火であぶると亀裂が入ります。その亀裂の入り具合によって吉凶を占っていました。占いに使った甲羅などに、占いの内容が刻みつけられました。その刻みつけられたものが、甲骨文字と呼ばれるものです。

甲骨文字の存在が発見されたのは、清朝末期の一八九九年のことです。甲骨文字の発見が殷王朝の実在を証明することにも繋がりました。ちなみに、甲骨文字の解読で名前の挙がる学者、王国維《おうこくい》、郭沫若《かくまつじゃく》は日本に留学し、亡命し、日本で研究をした人たちです。羅《ら》振玉《しんぎょく》も日本に亡命し、甲骨文字の解明にあたった学者です。

青銅器文化も挙げられます。甲骨に刻まれていた字が青銅器の鼎《かなえ》などに鋳込まれるようになり、金属に記された文字なので、金文《きんぶん》と呼ばれるようになっていきます。

◉春秋の五覇にはチャイナ統一の力はなかった

春秋時代の五覇《ごは》と諸子《しょし》百家《ひゃっか》についても触れておきましょう。

春秋の五覇とは、春秋時代に覇権を争っていた諸侯のなかで、代表的な五人の覇者を指す言葉です。国名が前で、そのあとに王の名前がくるというワンセットの形で挙げられます。斉《せい》の桓公《かんこう》（在位前六八五年～前六四三年）、晋《しん》の文公《ぶんこう》（在位前六三六年～前六二八年）、楚《そ》の荘王《そうおう》（在位前六一四年～前五九一年）、呉《ご》の闔閭《こうりょ》（在位前五一五年～前四九六年）、呉《ご》の夫差《ふさ》（在位前四九六年～前四七三年）、越《えつ》の勾践《こうせん》（在位前四九六年～前四六五年）です。五覇なのに六人挙がってしまいました。五覇が誰かというのは諸説あり、どの五人を選ぶかで変わってきます。桓公などは名君として名高いのですが、実際は有力戦国大名くらいに力をもった諸侯にすぎません。チャイナを統一するような力はなかったということです。

今もよく使われる熟語や慣用句で、この時代のエピソードを起源とするものを、いくつか紹介します。

呉と越がとても仲が悪かったことから、「呉越同舟《ごえつどうしゅう》」と言われるようになりました。

互いに、負ければ負けた悔しさを忘れないために、薪の上に寝て、恨みを忘れないために苦い肝を舐めて耐えながら相手を討つ機会を狙うので、「臥薪嘗胆《がしんしょうたん》」という言葉が生まれました。怨念のすさまじさが窺えます。

日本の古典『太平記』に出てくる漢詩で「天莫空勾践、時非無范蠡」というのがあります。「天勾践《てんこうせん》を空《むな》しうする莫《なか》れ。時に范蠡《はんれい》無きにしも非《あら》ず」（天は勾践を見捨てません。時がくれば范蠡のような忠臣が出て助けてくれます）という意味です。呉に破れた越の王・勾践を、その忠臣である范蠡が助け、さらに呉を滅ぼしたという話から作られました。

『太平記』では、隠岐《おき》に流されていく後醍醐《ごだいご》天皇を励ますために桜の木に、児島高徳《こじまたかのり》がこの詩句を書いておいたところ、それを見た後醍醐天皇がいたく感動されたという話として伝えられています。ちなみに、戦前の文部省唱歌に『児島高徳』という歌があります。戦前の小学生は全員知っていた有名な歌です。その歌の歌詞の一番、二番の両方に「天勾践を空しうする莫れ。時范蠡無きにしも非ず」のフレーズが繰り返し使われています。

戦前は勾践を助け、呉を滅ぼした范蠡は忠臣の鑑であり、『太平記』に書かれた話とともに、漢詩「天莫空勾践、時非無范蠡」もよく知られるものでした。

今も漢文で、春秋時代の五覇と言われる有力者たちや戦国時代の諸子百家と言われる人たちにまつわる話を習うはずなのですが、量的にも質的にも十分ではないようです。

◉孫子よりも呉子のほうが断然強かった

その諸子百家についても少し触れておきましょう。

諸子百家とは、春秋・戦国時代に次々に登場する、さまざまな学問・思想を提唱した人たちとどのような学問なのかを総称した言い方です。「子」は孔子、孟子のように使われる「子」で先生を意味する言葉です。「家」は縦横家《しょうおうか》、兵家《へいか》、儒家《じゅか》、道家《どうか》、法家《ほうか》などのように使われ、学派を表します。

今挙げた学派がどのような思想のものなのかを、それを代表する人物とともに紹介していきましょう。

縦横家と言われる人たちに蘇秦《そしん》と張儀《ちょうぎ》がいます。この二人は、「合従連衡《がっしょうれんこう》」という言葉の語源になった、「合従」と「連衡」という外交政策を唱えた人たちです。

　合従とは蘇秦が唱えたもので、戦国時代、秦《しん》に対抗するために他の六国（韓《かん》、趙《ちょう》、魏《ぎ》、楚《そ》、燕《えん》、斉《せい》）に働きかけ、それら六国に縦に同盟を結ばせようとしたものです。それに対して、超大国の秦が他の六国とそれぞれ個別に、横に同盟を結ぶのが安定する方法だとしたのが、張儀の連衡です。

諸子百家のおもな思想と人物

儒家	孔子《こうし》・孟子《もうし》・荀子《じゅんし》
道家	老子《ろうし》・荘子《そうし》
法家	商鞅《しょうおう》・韓非《かんぴ》・李斯《りし》
墨家	墨子《ぼくし》
縦横家	蘇秦《そしん》・張儀《ちょうぎ》
陰陽家	鄒衍《すうえん》
名家	公孫竜《こうそんりゅう》
農家	許行《きょこう》
雑家	呂不韋《りょふい》・劉安《りゅうあん》
小説家	鬻子《いくし》
兵家	孫子《そんし》・呉子《ごし》

　蘇秦は最初、連衡をやろうとしたのですが、秦がそれを受け入れなかったので、やむなく合従に転じたと言われます。蘇秦がやろうとしていた連衡を、次の世代の張儀が行い、秦による統一を促すことになりました。

　兵家（戦略、戦術などを論じた人たち）では、孫子《そんし》、呉子《ごし》が有名です。

　孫子の兵法などと言われ、現代社会においても、その考えを取り入れてビジネスに活かそうとする発想が後を絶たないようです。孫子が説くのは、抽象的なマニュアル、もっと言えば、当たり障りのないマニュアルなので、どの時代にも適用できて、応用が利くと思わせるのかもしれません。

それに対して、呉子のそれは、その時代特有のことがたくさん書かれています。実際の戦争においては、呉子のほうが断然強かったそうです。呉子は生涯無敗を誇り、死ぬ時ですら敵を道連れにしたので引き分け計算になっているという強者《つわもの》です。

儒家（儒教を説いた人たち）の孔子《こうし》、孟子《もうし》もとても有名です。

儒家は礼だの、先祖崇拝だのをこれでもかと説き、「昔の政治はすごかったんだぞ。これに習え」というようなことを言っていました。たとえて言うなら、「経営コンサルタントの失敗版」です。だからなのでしょうか、孔子の『論語』など、チャイナでは一般にはまったくと言ってもいいくらいに読まれていないようです。

道家（老子《ろうし》、荘子《そうし》の思想を説いた人たち）は老子を祖とする学問の一派で、老子の考えを荘子が受け継ぎ、その思想を老荘《ろうそう》思想とも言います。老荘思想は「無為自然《むいしぜん》」という言葉に集約されています。チャイナで生きていくには世間と離れているのが一番いいのだ、ということを説いた思想で、至極真っ当な説です。

法家（法治主義を説いた人たち。ただし、法治主義の意味が異なる。あとの章で詳述）では、韓非子《かんぴし》があまりにも有名です。

韓非子の著した『韓非子』は人類史最強の政治学の教科書のようなものですが、中身は「人殺しのマニュアル」とも言えるものです。韓非子は、とにかく法によって権力者が命令を徹底するのが第一だ、と説きました。老子の「関わるな」という考えの裏返しで、「関わるのであれば皆殺しにするくらい徹底的にやらなければいけない」という考え方です。チャイナが人類のすべてだと思えば、そう言いたくなる気持ちはわからないでもないですが。

◉諸子百家の時代がチャイナ文明の絶頂期

紹介した諸子百家の著作は現代に残っていて、よく知られ、私たちにも馴染みがあるものばかりです。ところが、あとの時代にどんな教えや人がいたかを挙げようとすると、なかなか思い浮かびません。浮かばないのは当たり前です。チャイナ大陸で現代にまで残るような、まともな学問や思想が生まれたのはこの時代だけで、この時代に出尽くしてしまったのです。

じつは、この時代がチャイナ文明にとっての絶頂期でした。あとの時代はひたすら、あの「中国史のパターン」を繰り返します。チャイナ大陸を舞台にしているというだけで、そのたびにまったく違う登場人物が出てきますが、やっていることは同じという代物です。「中国ウン千年」の歴史などというのは名実ともに、まったくの幻想で、嘘だということです。

ところで、チャイナ大陸で起こったことを記す際に、その名称をどうすればよいかには悩まされます。かつて言っていたように支那と呼ぶと怒られるので、チャイナと英語で呼ぶか、中華と呼ぶか、非常に迷うところです。私はどこからも文句の出ないように「中華様」と呼ぼうかと思っているくらいです。あるいは、さらに尊敬の接頭辞をつけて「お中華様」とか、ちょっと親しみを込めて「お中《ちゅう》」と言うのはどうでしょうか？　ロシアのことを「おろすけさま」と言った人もいるらしいので。

面倒なので、もっとも中立的なチャイナにします。

第七節　ギリシャ文明

世界の四大文明という言い方には、なんら根拠がないということ、そして古代において、ヨーロッパは文明先進国ではないので、そのなかに入れてもらえないのだということをしつこく繰り返しているのには、もちろん理由があります。放っておくと、四大文明どころか、もっと怪しいものが古代文明に名乗りを上げてくるからです。

世界には図々しくて強引な人々が溢《あふ》れていて、眉唾《まゆつば》ものの四大文明という言い方に、さらにエーゲ文明なるものを入れて、無理矢理、五大文明と言い張ろうとする輩《やから》がいます。

今のギリシャ人はギリシャを名乗ってはいても、古代ギリシャ人とは関係のない人たちですから、ギリシャ人は放っておけばいいでしょう。はっきり言って、ギリシャは古代で終わった国です。私が勝手に言っているのではなく、本当にそう言われています。なぜなら、古代ギリシャがローマに征服されてから、中世以降は登場せず、次に出てくるのは一九世紀なのですから。

申し訳ないですが、ギリシャは古代の栄光だけで今も生きているような国なのです。ただし、ギリシャのナショナリストは態度も大きく、根性があります。

こんな映画がありました。『マイ・ビッグ・ファット・ウェディング』というコメディです。すべての起源がギリシャにあると思っているオヤジが、自分の娘に「着物の起源はギリシャだ」と言い張ったところ、娘に「着物の起源がギリシャっていうのは、さすがに嘘でしょ」と言われ、戸惑うどころか、さらに熱く、とうとう自説を語るという映画です。ギリシャ・ナショナリストの白を黒と言い込めるような強引さと、ねちっこさが印象的でした。

日本の近くにも、すべての起源は自分の国にあると言いたがる韓国という国がありますが、ギリシャも同じです。韓国史ほどではないにしても、オリンピアの古代遺跡やパルテノン神殿など、神話か事実かわからないことを平気で事実だと主張するところもよく似ています。半島国家ということも共通していれば、何でも「うちが作った」と言い張るところや、しょっちゅう大声をあげてケンカしているというイメージなど、そっくりなところが多く、両者はけっこう感性が似ているのかもしれません。

隣国との関係においても両国は似ているようです。ギリシャの隣のトルコは、大帝国だった経験があることも含めて、何かと日本と共通点があります。そんなトルコがギリシャを相手にしてやっているところまで、日本と韓国の関係にそっくりなのです。

◉古代ギリシャ人は黒人だった？

それはさておき、気をつけなければならないのは、ヨーロッパ人がギリシャを持ち出して、今のヨーロッパの起源としようとする、根拠のないノスタルジックな言動です。

そんな物言いに簡単に騙されないようにするためにも、ここで、古代のギリシャが、いかほどのものなのかを確認しておきましょう。

エーゲ文明という言い方はどうやらクレタ文明とミケーネ文明を足したものの総称のようです。一応、青銅器文化があったなどと言われてはいますが、オリエントの影響があっ

すべての起源はギリシャ?

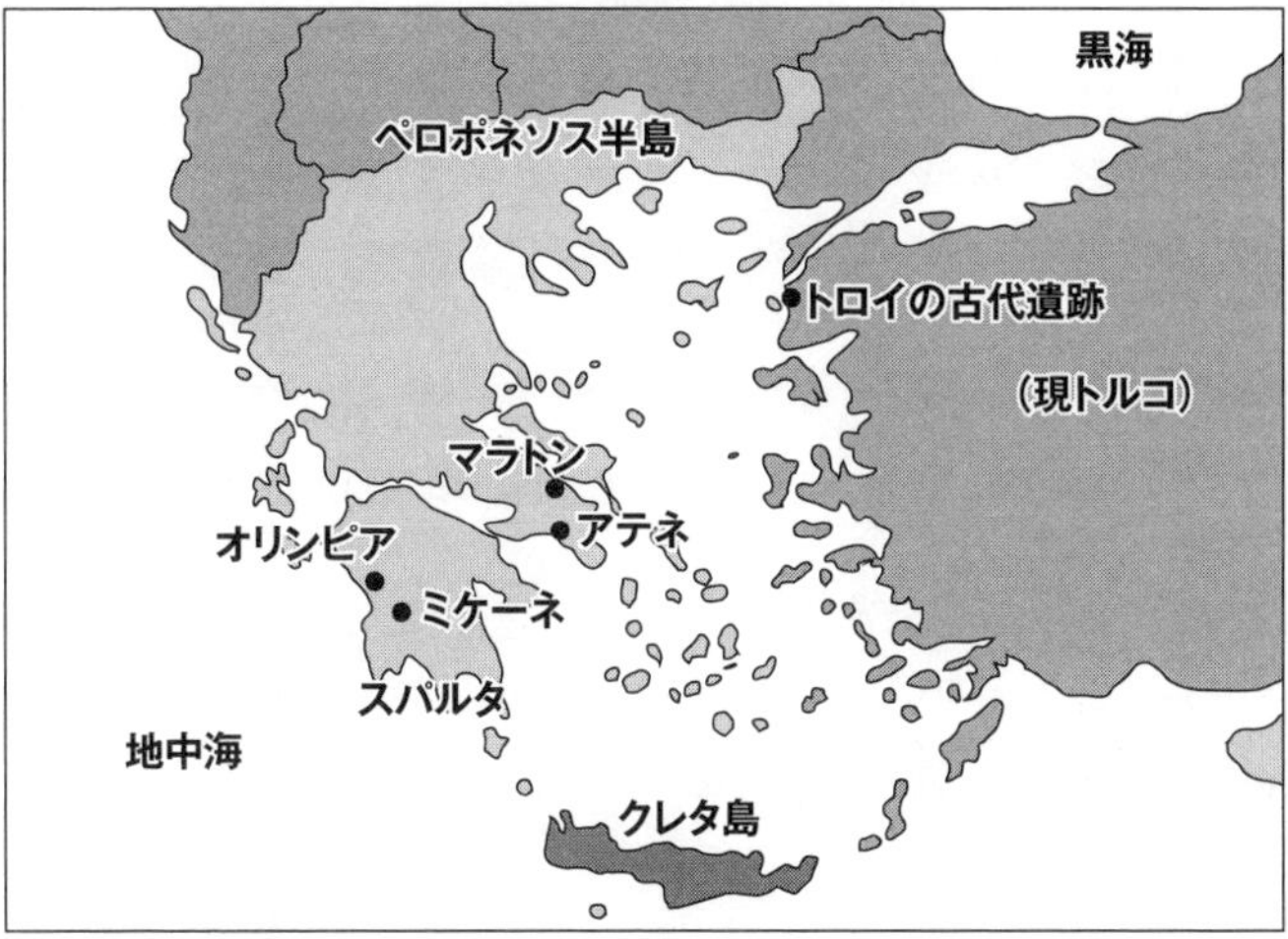

たと指摘されるのを見るにつけて、エーゲ文明に独自の文明として、いったいどれくらいのものがあったのかは、かなり怪しいものがありえます。

ドイツの実業家のハインリッヒ・シュリーマンという人が、幼いころにギリシャのホメロスによる英雄叙事詩『イリアス』を読み、そこに出てくるトロイの木馬で有名なトロイアという都市が実在するのだと信じ、大人になってトロイアを発掘し、実在することが証明されたという話があります。

ところがシュリーマンが発掘してトロイアだと信じていたのは、実際にはトロイの木馬が使われたとされるトロイ戦争より一〇〇〇年以上古い時代のものであることが今では明らかになっています。また、シュリーマンの発掘方法が乱暴だったために、ちょうどトロイ戦争時代の都市の遺構と思われる層はほぼ失われてしまい、トロイ遺跡が『イリアス』に出てくるトロイアなのかどうかは証明できない状態です。シュリーマン自身がかなりの見栄っ張りだったらしく、その逸話は後付けのようなところが多く、よくわからない話のようです。

ギリシャ人という名称で呼ぶものの、そのギリシャ人からして本当はどんな人たちだったのか、よくわかりません。

学界というところは時々変わった学説を出す人がいて、古代ギリシャ人は黒人だったという説を出した人がいました。ヨーロッパを中心として見ていると、ギリシャもヨーロッパのように見えるので、そうした説は突拍子もないように思われてしまうのですが、ギリシャは地中海を挟んで、地中海アフリカとは北と南に位置する関係なので、アフリカ大陸の褐色の肌の人がギリシャにいてもおかしくないのです。

ギリシャは人も含めて、つまりは地中海文明なのです。ヨーロッパではない、というところが肝心です。

では、どんな人たちがギリシャをつくっていったのかというと、バルカン半島の南部、今のギリシャ地方に定住した人たちがポリスをつくりました。ポリスとは人が住んでいるところを壁で囲んだ城塞都市です。都市の一つひとつが国家なので、都市国家です。そんな都市国家を代表するポリスがスパルタとアテネでした。

スパルタはスパルタ方式と言われる、国民皆兵制よりもさらに怖い、国民皆将校制とでも言いたくなるような、厳しい国民皆軍人制をとっていました。日本でもひところ盛んに言われた、スパルタ教育、スパルタ式など、厳しく鍛え上げるという意味で使われた「スパルタ」という言葉は、古代ギリシャのスパルタのやり方にちなんだ言い方でした。

スパルタは僭主制《せんしゅせい》をとっていました。僭主制とは、実力で君主の地位を奪った者が独裁政治を行うやり方を指す言葉です。

一方、アテネは民主制でした。「民主制というのは衆愚制のこと」と言われるぐらい、政治体制としてはダメな制度です。民主制は古代ギリシャではもちろんのこと、以降、アメリカが国際政治で力をもつ二〇世紀まで、ずっと悪い政治の代名詞だったのです。民主制に関することはまたのちほど記します。

◉なぜヨーロッパ人は古代ギリシャを起源としたがるのか

古代ギリシャの文明に関しては、先ほど述べたとおり、たいして見るべきところはありませんでした。

では、いったい何が古代ギリシャの栄光なのでしょうか。現代のギリシャ人のみならず、ヨーロッパ人が古代ギリシャを起源としたがるのは、何が理由なのでしょうか。

それは、オリエントとの関係にあります。

古代ギリシャが、人類の文明先進地域オリエントの大帝国ペルシャ（このときは、アケメネス朝ペルシャ）に戦争で初めて勝ったというのが、その理由なのです。

ペルシャ帝国がどれほどの大帝国だったかということについては章を改めて詳述しますが、西はエーゲ海北岸から東はインダス川まで、古代オリエント全域に及ぶ大帝国でした。


ここではギリシャがペルシャ帝国に勝った戦いを概観しておきます。

紀元前五〇〇年から紀元前四四九年のまでのあいだに、両者が戦ったのがペルシャ戦争です。その間、大きく分けて三回の戦いがありました。

ペルシャ戦争はペルシャ帝国を共通の敵と見立てることで、独立性の強かったポリスを結束させました。

発端は紀元前五〇〇年、ペルシャ帝国西端のギリシャ人都市イオニアの反乱です。これはペルシャ帝国の第三代国王ダレイオス一世が鎮圧しましたが、紀元前四九二年、ペルシャ帝国はイオニア反乱を支援したアテネに懲罰の大軍を送ってきました。しかし大暴風雨に遭ってペルシャ海軍は壊滅します。

紀元前四九〇年が二回目で、ダレイオス一世は再び海路から大軍を送ってきました。今度はエーゲ海の島々を制圧し、ギリシャ本土にも上陸して地上戦になります。陸上競技マラソンの起源になった、マラトンの戦いです。この戦いで、アテネの重装歩兵密集部隊が激闘の末、ペルシャ遠征軍を打ち破りました。マラトンでの戦勝の知らせを伝えるためにアテネまで休まず走り続けた伝令が勝利を報告した途端にばったり倒れて死んだ、という伝説がマラソン競技の起源だというのですが、どうやらこれはたんなる伝説であって、事実ではないようです。

ペルシャ戦争の帰趨《きすう》を決したのは、紀元前四八〇年の三回目の戦い、サラミスの海戦（アテネの沖、サラミス島付近）です。ペルシャ帝国はダレイオス一世の次のクセルクセスの代になっていました。当時世界最大の帝国だったペルシャの大遠征軍を迎え撃つのに、司令官テミストクレスは地上戦では勝ち目がないと考え、老人・女・子供を疎開させたうえで、全員が軍船に乗って海戦に備えました。陸路からも来ていたペルシャ軍がアテネを占領し、これ以上の背水の陣はないという危機でしたが、アテネ海軍の大勝利に終わります。それを見たペルシャ地上軍は撤退、ギリシャのポリス連合軍がペルシャ軍の攻撃をなんとか凌《しの》いだのです。

◉ギリシャは鎌倉幕府くらいにはすごかった

小さな都市国家連合が大帝国の遠征軍と戦って勝ったのはたしかにすごいことですが、サラミスの海戦でギリシャが勝ったことが拡大されて、いつしか、当時からギリシャがあたかも人類の中心だったというような話にまでなっていったのです。

ギリシャの勝利は、たとえるならば鎌倉幕府がモンゴル帝国を撃退したという程度の話です。それはそれでたしかにたいしたことなのですが、日本は、元寇でモンゴルに勝利したということの一事をもって、「鎌倉幕府は世界の中心なのだ」などとはけっして言いません。しかし、ギリシャはそうしたことを平気で言っているのです。ヨーロッパ中心の歴史観とはそういうものです。ペルシャ戦争にまぐれ当たりで勝ったギリシャは、鎌倉幕府くらいにはすごかった、というのが妥当な評価でしょう。

サラミスの海戦は、知らなければ恥をかくぐらいの有名な戦いなので、こうした実態も含めて押さえておきましょう。

サラミスの海戦でのギリシャの勝利から、「世界の歴史というのは大陸勢力の侵略を、海洋勢力が撃退することによって成り立つ」などと言う半可通《はんかつう》に限って、このあとに起こる、アレキサンダー大王が敵の海軍を蹴散らすために、陸から攻めて、敵の港を潰してしまったことに対しては、自説に矛盾し都合が悪いからなのか、だんまりを決め込みがちです。そうした人の言動には迷わされないことが肝要です。

ところで、先の節で紹介した、ヘロドトスの著書『歴史』は、もともと、ペルシャ戦争を記録するためにヘロドトスが延々調査して、その報告書として書かれたもので、原題『ヒストリアイ』は調査報告書という意味だそうです。

ペルシャ戦争に勝利したあと、ギリシャのポリス連合軍はどうなったでしょうか。半世紀も経たないうちに、内ゲバを始めてしまいました。

アテネとスパルタが戦って、結局はスパルタが勝つのですが、その勝利たるや、後ろ盾についたペルシャのお陰だというのですから、「人類の文明の中心」にしてはずいぶん情けない話です。

このアテネとスパルタの内ゲバの戦いがペロポネソス戦争（前四三一年頃～前四〇四年）です。

民主制をとるアテネでは、一般の平民が重装歩兵と言われる格好で戦いに参加するようになりました。重装歩兵とは、鎧《よろい》、甲《かぶと》を身につけ、手には楯《たて》や槍《やり》などの武器をもった歩兵です。戦いに参加したことで、一般市民の発言権も増していきました。

そのようなアテネが、なぜスパルタにボロ負けしたのか。民主制がどうして負けたのか。

都合のいいことだけを言うデマゴーグ（煽動家《せんどう》）のデマゴギー（煽情的《せんじょう》なデマ）によって、みんなが流され、まともな人の意見が通らなくなってしまったのが原因です。

歴史に残る当時のデマゴーグの筆頭が、名門出身で、イケメンで、大哲学者ソクラテスの弟子でもあったアルキビアデス（前四五〇年頃～前四〇四年）でした。アルキビアデスはアテネの民衆のあいだで大人気の青年で、難なく将軍に選ばれ、紀元前四一八年、スパルタ軍と決戦するも大敗。三年後、シシリー遠征の話が持ち上がると名誉挽回のチャンスとばかり、好戦論を煽《あお》りに煽って大遠征軍を編成しました。遠征の途に就いたのもつかの間、政敵の策動で告発されると、なんとスパルタに亡命してしまいます。

そしてアテネを征服する作戦をスパルタに教えてアテネを散々な目に遭わせたばかりか、スパルタがペルシャの援助を得る根回しまで努めました。これだけ祖国に弓を引いていながら、さらに工作のうえ、凱旋将軍としてアテネに帰還を果たしたのですからたいしたものです。というより、アテネ人はよくもここまで見事に引きずり回されたものです。

こういうことはなにもペロポネソス戦争に限った敗因ではありません。いつの時代のどの国にも当てはまりそうなことです。

ペロポネソス戦争を記録するために書かれたのが、トゥキュディデスの『戦史』です。

トゥキュディデスの『戦史』は、ヘロドトスの『歴史』に次ぐ歴史書です。『歴史』よりも『戦史』のほうが本格的な実証的歴史研究の始めだと言われることもあります。

◉哲学とは智を愛すること

今に残る、たしかなギリシャの文明と言える部分、ギリシャ哲学の周辺をご紹介しましょう。

中学の数学で登場するピタゴラスの定理は、古代ギリシャの有名な数学者ピタゴラス（前五八二年〜前四九六年）によるものです。

ヒポクラテス（前四六〇年頃〜前三七〇年頃）という医師がいました。「科学に基づく医学の基礎を作った」ので「医学の祖」と呼ばれる人です。医師の職業上の倫理について、宣誓書の形をとって述べられているのが〝ヒポクラテスの誓い〟です（日本医師会ＨＰ）。日本でもすべての医師が知っている、有名な憲章です。

哲学者を紹介するといったのに、なぜ、そのトップバッターが数学者で、次が医師なのかと疑問に思ったでしょうか。

哲学とはギリシャ語 philosophia を日本語に訳した言葉です。元のギリシャ語は、philo が「愛する」、sophia が「智」を意味し、「智を愛する」ということを意味する言葉です。

すなわち、哲学とはもともと智を愛することなのです。数学であれ、医学であれ、文学であれ、分野は異なれど智を愛するがゆえの探究なのですから、大きなくくりで言えば、学問はすべて哲学です。智を愛することはすべて哲学だということです。

今でも博士号のことを、アメリカではドクター・オブ・フィロソフィー（Doctor of Philosophy）と言い、Ph.Dと表します。博士とはつまり、哲学（智を愛する）博士のことです。何か学問を究めれば、それは哲学を一つ究めたことになります。そして、医学博士なら哲学のなかの医学を究めたということになるわけです。

ギリシャ哲学はソクラテスが完成させて今に伝わっていると言われます。そのギリシャ哲学に三大哲学者と呼ばれる人たちがいます。完成させたソクラテス（前四六九年頃〜前三九九年）、その弟子のプラトン（前四二七年〜前三四七年）、プラトンの弟子のアリストテレス（前三八四年〜前三二二年）、この三人です。

このなかでとくに、アリストテレスは、今の人文科学、社会科学、自然科学というような学問の分け方をした人でもあります。

アリストテレスは政治のやり方、あり方についても六つに分けて考えています。政治の担い手が単数、少数、多数のうちのどれかということと、その政治が良いのか、悪いのかということを組み合わせて分類しました。

一人の人が良い政治をやれば、それは君主制であり、悪くなれば僭主制になる、というように考え、分類していきます。

一人ではできないので、少数の者がやり、それが良い政治ならば貴族制、不都合が生じてきて弊害が出てくると寡頭制です。

限られた少数の者が政治をやるのではなく、多数の者が参加してうまくいけば民主制、悪くなれば衆愚制です。しかし実際は、民主制になれば、それは即、衆愚制だと考えられてきました。衆愚制になると、皆、自分でものを考えるのがイヤになる（自分でものを考えるのがイヤになるから衆愚制になるのかは、ニワトリとタマゴの関係と言える）ので、一人の優秀な独裁者に任せてしまうということが起こり、君主制に戻るという考えです。私は、このアリストテレスの分類を「アリストテレスすごろく」と呼んでいます。

アリストテレスは民主制が政治形態として最悪のものだと考えていました。それは、憎んでいたという形容がぴったりしたりするほどのものでした。

ギリシャ哲学は民主制への憎悪が原点なのです。

自分で考えることを放棄した多数の者が政治に参加すれば、デマゴギーが勢いをもってしまい、誰にも止められなくなり、挙げ句の果ては、ソフィストと呼ばれる、人々の耳に心地良く聞こえることばかりを言う連中が大衆に支持されるようになり、そうした輩が跳梁跋扈《ちょうりょうばっこ》する社会になります。そうなると、図に乗ったソフィストたちのなかに、気にくわないという理由だけで、自分たちに都合の悪い者を追い出しにかかるような奴が登場します。

そんなソフィストたちのやり方の犠牲になった一人がトゥキュディデスです。『戦史』を著すくらい優秀な人だったので、ソフィストたちの妬《ねた》みをかったのかもしれません。陶片追放（オストラシズム）されてしまいました。

陶片追放とは、最初は僭主が出てくることを防ぐ手段として行われていたもので、僭主になりそうな者の名前を陶片に書いて投票し、名前を多く書かれた者を追放したことに始まります。

のちに悪用され、邪魔になるような者、嫌いな者を追放する手段となってしまいました。これなどは、民主制が即、衆愚制になりうることを具体的に示す良い例です。

ソクラテスもソフィストにやられました。

ソフィストの連中がソクラテスに因縁をつけ、裁判にかけ、死刑の判決を下したのです。悲憤慷慨《ひふんこうがい》したソクラテスは煎《せん》じた毒ニンジンをあおって死んでしまいました。

憎むべきは民主制という名の衆愚制です。

弟子のプラトンは民主制というのはロクでもないものだから、賢い者が政治をやらなけ

アリストテレスの講義を受けるアレキサンダー大王

ればダメなのだとの思いを強くします。

孫弟子のアリストテレスは、より行動的でした。一人の優秀な君主が政治をやるのが一番いいのだという理想を掲げ、理想の実現に向けて行動しました。すなわち、将来の、一人の優秀な君主となるべき者を育てたのです。

それが、アレキサンダー大王（前三五六年～前三二三年）です。

アレキサンダー大王は、そのような背景のもと、アリストテレスが育てた化け物だったのです。古代の怪物、アレキサンダー大王に関することは、あとの章で語ります。

古代と現代のギリシャ人は直接の繋がりはないものの、凶暴だという共通点がありました。古代から、ギリシャの東方にあり続けた巨大、かつ強大なオリエントに勝つためには、ギリシャ人くらい凶暴でなくてはならなかったのでしょう。

第八節　日本の文明

オリエントを中心に、古代のエジプト、メソポタミア、黄河、そして、ギリシャを見てきて、どのような感想をもたれたでしょうか。周囲との関係から常に緊張を強いられ、戦いに明け暮れているような印象が強かったかもしれません。実際、そのとおりです。ひるがえって、古代の日本はどうだったのでしょうか。見ておきましょう。

日本という国の成り立ちは『古事記』（七一二年成立）に記されています。

『古事記』は、上・中・下の三巻から成り、巻ごとに何が書かれているのかが明確です。上巻は神代篇《かみのよへん》と言われ、神話の部分です。天地開闢《かいびゃく》から始まり、神々の世界のことが記され、国造りの話が書かれています。

『古事記』の上巻の冒頭部分を、ざっくり要約すると、「世の中、混沌としてどろどろだったとき、いろいろな神様が現れては消え、最後の男神イザナギノミコトと女神イザナミノミコトが国造りのために、どろどろのところを天《あめ》の沼矛《ぬぼこ》という棒でかき混ぜると、次々と島が生まれ、最初にできた島が八つだったので大八島《おおやしま》と呼ばれました。それが日本です」となります。

中巻、下巻は人代篇《ひとのよへん》です。中巻は初代天皇・神武天皇から第一五代応神天皇まで、「よくはわからないけど伝えられている」という話が書かれています。伝説の部分です。

同じ人代篇でも下巻は第一六代仁徳天皇から第三三代推古天皇までの時代のことが描かれていて、『古事記』が書かれた当時の人々にとっては、ひいおじいさんが生きていたころまでの時代です。そのときのことを知っているから、あからさまな嘘は書けないという感覚の、いわゆる歴史の部分に入っていきます。

このような『古事記』の巻の構成を見るだけでも、日本人がいかに正直かということがわかります。

ほぼ同時代に書かれた『日本書紀』などは、いちいちと言っていいくらい、「いや、じつはこの話には異説があって」という調子で、反対説なども載せるという具合なのです。『日本書紀』は「日本最古の正史」と言われますが、正式な国史にそうしたことを載せているのは日本くらいのものです。第三者の態度のごとく、冷静すぎる姿勢です。「一書に曰く」という表現が多用されています。

ギリシャなどは、先に見たように、神話なのか伝説なのか、わからないようなことに関しても、あたかも歴史的事実のような言い方をしますし、大韓民国という国も教科書に

「七〇万年前からわれわれは東アジアの中心で、壇君《だんくん》という神様が虎と熊に求婚されて、熊のほうを選んで結婚してできたのが韓国だ」というような、神話と考古学と歴史と政治的プロパガンダがごっちゃになったようなことを書いて、学校で教えています。ファンタジー小説も真っ青です。ここで「七〇万年前」とあるのは、けっして私の書き間違いでも誤植でもありませんので、念のため。人類が登場したのが約二〇万年前だというのを知らないのでしょう。そんなところにかまってはいられません。

◉宗教問題がよくわからない日本人

紀元前六六〇年、日本が建国されました。

これは、歴代天皇の在位年数を足していき、今の西暦に換算したものから割り出された数字です。神話でもなければ、歴史でもない、伝説の部分です。伝説というのは、あからさまな嘘ではなく、一応事実として扱うけれども、どこからか「さすがにそれはないだろう」と言われるまではそのままにしておこうというような、かなり曖昧な部分です。

世界史の年表で紀元前六六〇年あたりを見ると、ギリシャはペルシャ戦争、ペロポネソス戦争を戦い、チャイナ大陸では春秋・戦国時代に入っていました。どこを見ても熾烈《しれつ》な殺し合いが繰り広げられていることがわかります。同じころの日本の欄には「縄文文化」

と大きく書かれているだけです。日本は平和に、のんきに暮らしていたことが伝わってくるというものです。

日本で殺し合いによって人口が減少したのは弥生時代と南北朝時代だけだと言われています。日本は歴史的に平和な時代が長く、それが日本人の気質、国民性にも繋がっているのだと考えざるを得ません。

世界を見渡すと、殺し合いの歴史の大きな原因の一つに宗教問題があります。二一世紀になった今も、宗教問題による争いがなくなる気配は微塵《みじん》もありません。

日本人にとって宗教問題はよくわからないところがあると感じるのは、日本の歴史を見れば納得できるでしょう。ここではまず、神道と仏教を概観しておきます。

まずは神道です。神道はキリスト教やイスラム教などに比べると、宗教とは言いにくいところがあります。教祖もいなければ、教典もありません。

神道の考えにあるのは、穢《けが》れと、それに対する清《きよ》めという考えです。清めということをとても大事に考えます。神社のような清められた場所は大事にしましょうという発想で、たとえば、靖国神社においては、世俗のときに戦争で穢れはしたけれど、亡くなってからは神様としてお清めをして、お祀《まつ》りいたしましょう、ということなのです。

神道のこうした考えは守勢とも言える考え方で、そこには押しつけがありません。

次に仏教です。仏教はインドで釈迦の教えとして始まったものですが、発祥の地であるインドではあっという間に廃れて、日本に渡ってきたときにはすでにまったく別のものになっていたと言われます。たとえば、音楽一つをとっても、考え方や扱い方が国や地域によって異なるようです。『ビルマの竪琴』という童話が映画化されるとき、仏教の僧が竪琴を弾くということをめぐって、ビルマではそうしたことが禁じられているというので、ストーリーの設定が変更されたと聞きました。ちなみに、アメリカでは仏教は宗教扱いされず、哲学だと考えられています。だから仏教徒は無宗教に分類されることもあります。

仏教の教えも少し取り上げてみましょう。

仏教を開いたのはゴータマ・シッダールタ、日本ではお釈迦様と言われています。お釈迦様は若いころ、王様になる予定の人でした。しかし、東西南北の四つの門のところで、赤ん坊、老人、病人、死体を見て「生老病死《しょうろうびょうし》」の四つの苦しみを知り、この世の苦しみから逃れるためにはどうすればよいのかと考えるようになりました。自分に子供が生まれ、跡継ぎができたので、家族を残して修行の旅に出て、世の中の始めと終わりがどうなっているのだろうと考えるうちに、「ぐるぐると回って輪廻《りんね》していて、人間も動物も生まれ変わっていく。悟《さと》りを開けば、この永遠の輪のなかから〝解脱《げだつ》〟して、抜け出せるのだ」という考えに至ったと伝えられます。そうしたお釈迦様の教えが、すなわち仏教の教えです。

◉なぜ日本人は仏教を受け入れたのか

また、仏教には、世の中には原因と結果があると考える、いわゆる因果関係という考え方もあり、哲学そのものです。この哲学が日本人のメンタリティにぴたりと合い、また、神道と同様に押しつけがないことから、神道との親和性もあったので、外来の宗教であるにもかかわらず、案外すんなりと受け入れられたのだと思います。

それでも、日本に仏教が伝わってきたときには、蘇我《そが》氏と物部《もののべ》氏のあいだに、仏教を受け入れるかどうかをめぐって争いがありました。しかしそれも、聖徳太子が神道と仏教の両方を大事にしようというやり方をとったことで、日本における宗教問題は解決したわけです。解決には一〇〇年ぐらいかかったことになります。

宗教問題が一〇〇年ほどで解決するなどということは、世界から見れば奇跡でしょう。あまりにもスピード解決なので、本当に宗教をめぐる争いがあったのかなどと逆に疑われるかもしれないと思うくらいです。

これまで他の文明のところで文字についても見たので、日本の文字についても軽く触れておきます。

古代の日本が文字を自力で発明したのかどうかについては、日本固有の文字だと言われる神代文字は一応今のところは否定されています。

しかし、平仮名、片仮名という独自の文字を生み出しましたし、漢字という文字でさえ、とっくに日本語の文字なのです。文字の名称を「和字」とすればいいくらいです。

漢字といえば、書き順に関していたずらに悩む必要はありません。どうでもいいらしいです。というのは、漢字の発音が時代ごと、王朝ごとに違うのと同じように、書き順もまた王朝ごとに違うのだそうです。

ですから、本当の書き順を厳密に言い出せば、この王朝の時代はこうした書き順で、この王朝の書き順はこうなります、というようにしなければならなくなるそうです。「あまりこだわりすぎると、中華文明信仰になってしまいますので」と、お習字の先生に教わりました。その書道の先生は中国が大好きな、どちらかといえば親中派の先生だったのですが、そのように教えてくださいました。

古代の文明を概観したところで、さらに詳しく見ていくことにしましょう。

第二章

紀元前の世界

第一節　例外中の例外！　アレキサンダー大王で世界史を語るな

欧米人に「世界史」を語らせると「アレキサンダー大王は世界を征服した」と言い出すのが常です。確認していきましょう。

前章で述べたとおり、ギリシャはペルシャ戦争で大国ペルシャの侵攻を撃退したものの、ペロポネソス戦争（前四三一年～前四〇四年）でアテネとスパルタが二七年にも及ぶ内ゲバを繰り広げました。

ペロポネソス戦争が終わったあとも押し合いへし合いが続き、再びコリント戦争（前三九五年～前三八六年）に突入します。こういうとき、隣国がやることは決まっています。「対立する両者を天秤にかけつつ、内紛を煽る」ことです。ペルシャは最初アテネを援助しながら、アテネが台頭しそうになるとスパルタと誼《よしみ》を通じて「大王の和約」を仲介し、アテネを押さえ込みます。その後一時的にスパルタに勝ったテーベが興隆しますが、テーベ軍の指揮官が戦死するとあえなく覇権を失います。内部から疲弊したギリシャはすでに自壊しつつありました。

大国ペルシャにとっては、小国が分裂抗争を繰り広げるギリシャ半島など、赤子をあやすようなものだったでしょう。

◉マケドニアがギリシャを支配

そんななか、突如として台頭してきた国があります。フィリッポス二世が率いる、ギリシャ北方のマケドニアです。

フィリッポス二世はマケドニア王に即位（前三五九年）するとたちまち国内を統一し、軍制改革を行って精強な軍隊を作り上げました。マケドニア人だけでなく、ギリシャ、ペルシャからも戦争好きな者を集め、自らその陣頭に立って戦い、着々とギリシャ本土に侵攻していきました。

紀元前三五六年、後に「大王」と呼ばれることとなるアレクサンドロスが生まれます。幼いころから戦争の仕方を父親に仕込まれ、高名なギリシャ哲学者のアリストテレスが家庭教師を務めます。

紀元前三三九年、アテネがマケドニアに宣戦布告します。もうそれ以上マケドニアに勢力を拡大させるわけにはいかないからです。

しかし翌年、カイロネイアの戦いで、フィリッポス二世はアテネとテーベの連合軍を粉砕します。このとき初陣で加わっていた王子アレクサンドロスは、テーベ最強と誉れの高い、少数精鋭部隊の神聖隊を全滅させました。

カイロネイアの一戦によって、マケドニアがスパルタを除く全ギリシャを支配するようになりました。

二年後、フィリッポス二世はアテネの弁論家イソクラテスの提言に従って、対立していたポリス同士を和解させてまとめ、全ギリシャ軍を率いてペルシャに遠征しようとします。このときに全ポリスをまとめてできたのがコリントス同盟です。ただし、マケドニアの覇権をよしとしないスパルタは参加しませんでした。

コリントス同盟ができポリスはまとまったものの、遠征する前にフィリッポス二世がギリシャのなかも親マケドニア派と反マケドニア派に分かれていたのです。フィリッポス二世によるギリシャ統一に対してギリシャ人が反感をもち、反マケドニアになるのは当然ですが、ポリス同士の対立に乗じてフィリッポス二世が買収や工作に努めていたこともあって、親マケドニア派もいました。

ギリシャは団結してマケドニアの力を借り、ペルシャに対抗しようと説いたイソクラテスのような者がいた一方で、アテネの雄弁家デモステネスなどは筋金入りの反マケドニア派として有名でした。アレキサンダー大王の死後も反マケドニア運動に奔走するのです

アレキサンダー大王の東征

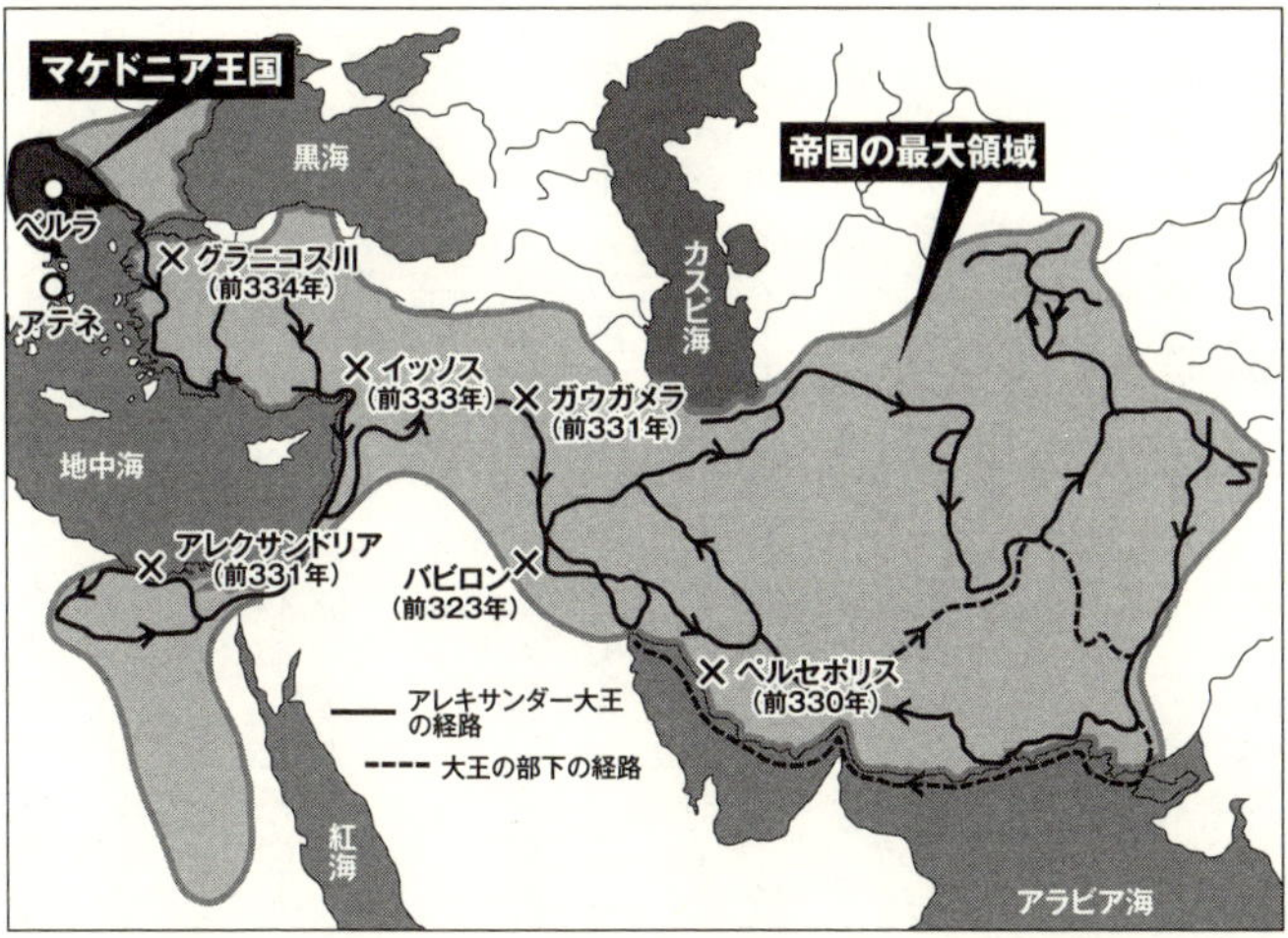

が、挫折し服毒自殺しているくらいです。

◉エジプトがアレキサンダー大王に媚びた

フィリッポス二世の跡を継いだ形で王子アレクサンドロスが王位に就きます。アレキサンダー大王の誕生です。

その二年後の紀元前三三四年、アレキサンダー大王はペルシャ帝国を倒すために遠征を開始しました。緒戦のグラニコス川の戦いでは混戦のなか、大王自身が危ういところを側近に助けられながらも、二倍の兵力を有するペルシャ軍を倒します。そして紀元前三三三年、イッソスの戦いで、アレキサンダー大王はペルシャのダレイオス三世を敗走させ、その母、王妃、娘たちを捕虜にします。圧勝でした。

紀元前三三二年、アレキサンダー大王はエジプトに入り、ファラオとして迎えられました。エジプトがアレキサンダー大王に媚《こ》びたのです。このころのエジプトはペルシャの支配下にあったのですが、支配されてまだそれほど間がなかったので、ペルシャだろうが、マケドニアだろうが支配されることに変わりがないなら、勝って勢いのあるマケドニアに付こうと考えてのことです。

翌年（前三三一）、アレキサンダー大王はエジプトのナイル河口に、自分の名前をつけたアレクサンドリアという名の都市を建設します。アレクサンドリアは記録に残っているだけでも七〇カ所になるそうです。アレキサンダー大王は征服した都市にギリシャ人を入れて都市を建設させました。エジプトのアレクサンドリアはその最初です。

アレキサンダー大王の東征の最中に、故郷マケドニアではスパルタとの戦いがありました。メガロポリスの戦い（前三三一年）です。アレキサンダー大王が不在でも、落ちぶれたスパルタを下すのはわけのないことでした。留守を預かる重臣アンティパトロスが撃沈し、屈服させています。

◉ペルシャ帝国を滅ぼす

同じ年、アレキサンダー大王がペルシャを敗北させたのは、チグリス川上流でのガウガメラの戦いでした。マケドニア軍は歩兵四万、騎兵七〇〇〇、対するペルシャ軍は歩兵一〇〇万の大軍などと伝える書物もありますが、ローマの歴史家クルティウス・ルフスによれば歩兵二〇万・騎馬四万五〇〇〇ほどのようです。そうだとしても五倍の大軍相手の大勝利でした。

再び敗走したダレイオス三世を深追いせず、紀元前三三〇年、アレキサンダー大王はペルシャ帝国の首都ペルセポリスに入城して王宮を破壊し、ペルシャ帝国を滅亡させました。

こうしてアレキサンダー大王は連戦連勝で大帝国ペルシャを滅ぼし、父の果たせなかった夢を果たしました。ヨーロッパ人が本当に初めて東方に勝ったのです。

ペルシャ軍は弓兵に頼っていたので兵の数は多く、またスピードもあったと言われています。一方、アレキサンダー大王のほうは攻撃力と防御力でまさっていました。

槍隊が密集したものをファランクスと言います。ファランクスは前からの攻撃には強く、横と後ろからの攻撃には弱いのですが、そこを騎兵で補うといった工夫をして、たとえスピードで劣っても、攻撃力と防御力の強さで勝つのがアレキサンダー大王のやり方でした。アレキサンダー大王は戦術に長《た》け、戦争そのものが強かったのです。

アレキサンダー大王の勝利には、ギリシャがペルシャ戦争でペルシャに勝ったのとはまったく違う意味があります。ペルシャ戦争でギリシャが勝ったのは、攻めかかってきたペルシャをあくまでも凌いだだけで、鎌倉幕府が元寇を追い返したぐらいのことでした。アレキサンダー大王の勝利は、初めてこちらからペルシャに向かって攻めていって得た勝利です。そこが大きく違います。喩《たと》えを続けると、豊臣秀吉が朝鮮出兵に成功し、明を滅ぼしたようなものと考えてください。

さて、アレキサンダー大王は自分が倒したダレイオス三世の娘と結婚します。

自分の結婚はよいとしても、何を考えたのか、征服した側のマケドニアの男性と征服された側のペルシャの女性との集団結婚式を始めてしまいます。アレキサンダー大王が人種の融合を目指したとの見方もあるようですが、彼がなぜそんなことをしたのかはわかりません。ちなみに、アレキサンダー大王が亡くなると、集団結婚式をした人たちの多くは離婚したそうです。

アレキサンダー大王はペルシャを征服したのち、さらに東へと攻めていき、インダス川を渡ってインドまで侵略しようとします。ペルシャをやっと滅ぼしたと思ったら、その東にはインドというすごい文明があるということだったのでしょう。しかし、部下たちにとっては大迷惑です。「なんでインドくんだりまで行かなきゃいけないの？　ペルシャを押さえたんだからいいじゃん！」と反対しました。さすがのアレキサンダー大王も引き返さざるを得ませんでした。

紀元前三二三年、アレキサンダー大王はバビロンで熱病（たぶんマラリヤ）にかかって亡くなりました。三二歳だったと言われています。一〇年に及ぶ外征が終わった直後です。アレキサンダー大王が駆け抜けた三二年の生涯は、戦いの連続でした。

「アレキサンダー大王が世界を征服した」というのは、所詮このようなものなのです。ギリシャから、ペルシャを倒してインドまで行けば、当時では世界を掌握したという感覚だったかもしれません。連戦連勝で、そこまで行ったこと自体はたいしたものです。だからこそ、のちのハンニバル、カエサル、ナポレオンら英雄たちが、アレキサンダー大王を大英雄だと認め、憧れたのでしょう。

ただし、アレキサンダー大王は古代史において例外的な存在なのです。それも、怪物級の例外です。それを認識しておく必要があります。アレキサンダー大王を基準にして、ほかのヨーロッパを推し量ってはいけません。

◉大王の死後、帝国は三つに分裂

ところで、ギリシャはヨーロッパの東南の果てにあり、ヨーロッパはギリシャの西北に広がっています。アレキサンダー大王はどうして西や北に行かなかったのでしょうか。ペルシャを倒したあとなら、引き返すその足で今度は西北に行ってもよさそうなものです。が、アレキサンダー大王はそうはしませんでした。

すわ、アレキサンダー大王の謎か！……じつは、アレキサンダー大王でなくても、少しでも当時のヨーロッパの様子を知る者であれば、そんなことをするわけがないのです。

西や北のほう、つまり、ヨーロッパには何もなかったからです。ヨーロッパは侵略する価値もない場所だったのです。

アレキサンダー大王のマケドニア王国も立派な（？）僻地で、そこから見ればギリシャでさえ進んでいるように見えたわけです。ましてやオリエントを目の当たりにすれば東へ東へと行きたくなるのは自然なことだったのでしょう。普通は、自分より文明が進んだ相手に戦争を仕掛けようとは考えないものですが、大王と父のフィリッポス二世は身の程知らずの野心家で、しかしそれだけに軍事力に特化した国力増強を成し遂げ、そして成功したということです。

さて、アレキサンダー大王の死後、その帝国はどうなったでしょうか。

アレキサンダー大王は死ぬときに、「最強の者が帝国を継承せよ」という遺言を残しました。そんな遺言をすればどうなるか、火を見るより明らかです。まるで絵に描いたような後継者争いが起こりました。

それも、ちょっとやそっとの規模ではありません。戦争が起き、結局、帝国は三分裂してしまいました。セレウコス朝シリア、プトレマイオス朝エジプト、アンティゴノス朝マケドニアです。

セレウコス朝シリアというのは、ペルシャに反感をもっていたシリアに、セレウコスというギリシャ人の部下が乗り込んでいってつくった王朝です。セレウコス朝シリアに関しては、後の章で詳細を見ます。

西で分裂して争いが繰り広げられているころ、東のチャイナ大陸でも同じようなことが起こっていました。次に、チャイナ大陸の様子を見てみましょう。

第二節　本当は怖すぎる韓非子と始皇帝の中国

チャイナ大陸では周王朝が滅びたあと、分裂して、諸侯が覇を争う戦国時代に入ったことは第一章で触れました。ここでは、戦国時代を統一した秦の始皇帝と法家・韓非子を取り上げてチャイナの歴史観をさらに確認しておきます。

戦国時代には大王国の秦のほか、楚、燕、斉、韓、魏、趙の六つの王国がありました。大国の秦がこれら六つの国を従え、チャイナを統一します。

秦の王・政《せい》はチャイナの理想とする王の総称「三皇五帝」から、王よりも偉いのだということで皇帝とし、それを名乗りました。さらに、皇帝を名乗る最初の皇帝なので始皇帝です。ちなみに、最初に中華を名乗ったのも秦の始皇帝です。

◉孔子に対する痛烈な批判

法家・韓非子について、第一章の諸子百家のところで紹介したことに加えて、始皇帝との関係も説明しておきましょう。

韓非子は秦に統一された国の一つ、韓の国の人でした。「子」は敬称です。

韓非子は韓が衰えていくことを目の当たりにし、荀子《じゅんし》（趙の人。儒家とも言われる。「性悪説」は荀子の思想）に弟子入りしました。同時期に学んだ人に李斯《りし》（始皇帝のもとで焚書《ふんしょ》を行った）がいます。

始皇帝が韓非子の著したものを読み、いたく感動し、「韓非子に会って付き合いができるようになるなら死んでもよい」とまで言ったそうです。ただ、それは実際に会うまでの話で、実物の韓非子はどもりで、喋りが下手で、失望したとも伝えられています。

韓非子は始皇帝に招かれて行きました。

韓非子は孔子ら儒家の思想を否定して出てきた人です。それは、韓非子の「守株待兎《しゅしゅたいと》」

チャイナの戦国時代（紀元前3世紀頃）

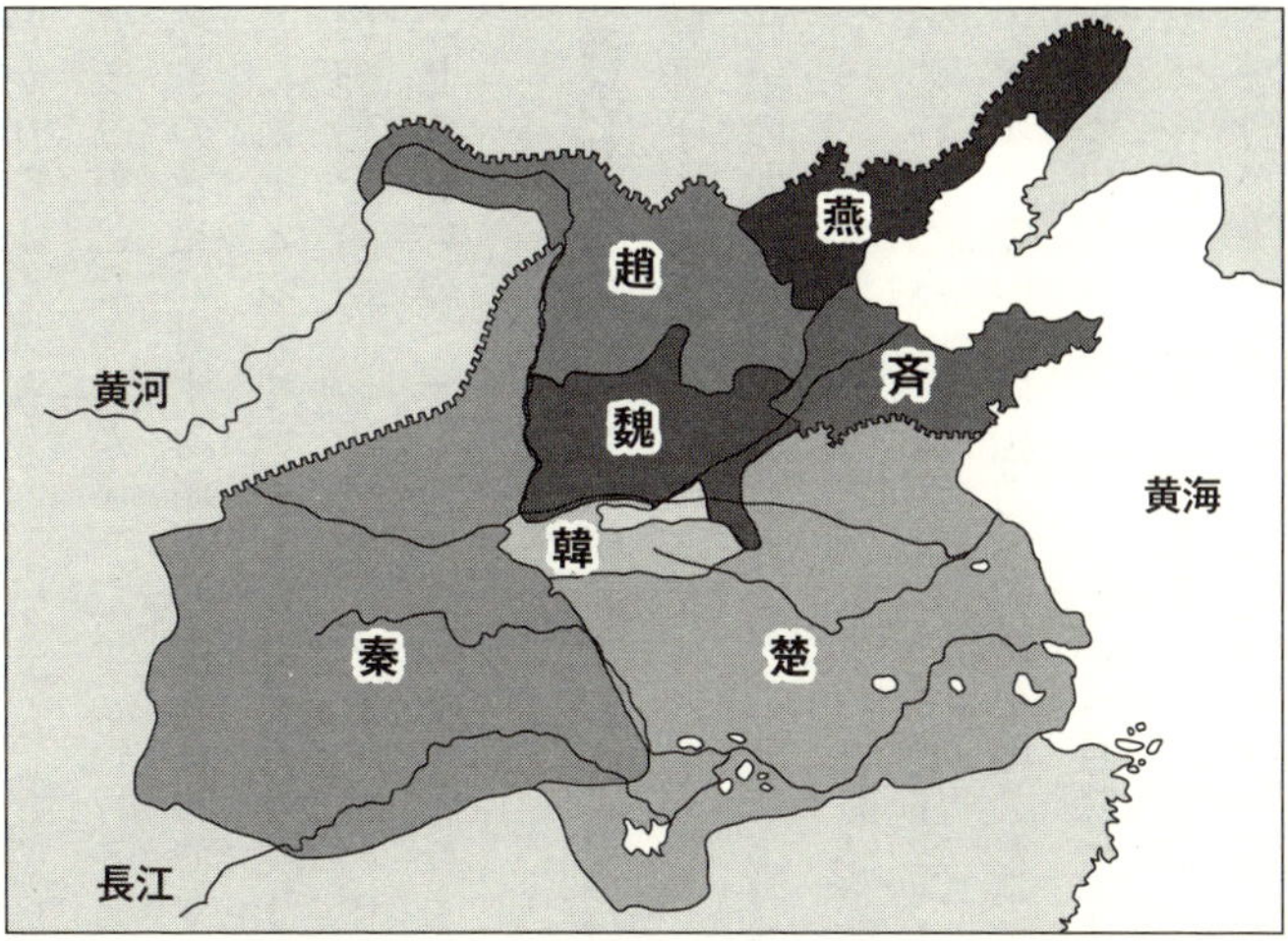

という短い話のなかにもはっきりと読み取れます。

「守株待兎」は、山田耕筰《こうさく》が『待ちぼうけ』という歌の歌詞（一〜五番まである）にも書いています。そのストーリーを紹介すると、

「宋の時代です。ある日、農民が畑で農作業をしていると、走り出た兎が木の切り株にぶつかって死んだので、農民はそれを家にもち帰りました。それから農民は畑仕事もせずに毎日毎日、また兎が切り株に当たらないかとただ見守るだけでした。そうしているうちに、兎を獲るどころか畑も荒れ果てて、農民は国中の笑いものになりました」という話で、締めくくりに「今、先王《せんのう》の政《まつりごと》を以《もっ》て、当世《とうせい》の民《たみ》を治めんと欲するは、皆、株《くひぜ》を守るの類《たぐ》いなり」とキツい一言を添えています。

わかりやすく言うと、「古くからの慣習を守っているだけでは、なんら進歩がないばかりかジリ貧になるのがオチだ」ということです。

孔子の考えに対する痛烈な批判なのです。孔子は先祖を大事にし礼を重んじ徳をもって政治に臨めと説いていました。そんな孔子に「綺麗事ばかりを並べて、仁などと四〇〇年前の理想を語っているけど、それで世の中、うまくいくわけがない。あんた、頭がおかしいんじゃないの？」と言っているようなものなのです。

◉「西のマキャベリ、東の韓非子」とは言うけれど

韓非子が重んじたのは法です。

政治の要諦は法であるということを説き、法治主義を主張したのです。ただし、韓非子が言う、つまりはチャイナにおける法も法治主義も、私たちが知っているものとは真逆と言っていいくらい意味が違うので要注意です。

チャイナでの法は権力者の命令のことです。そして法治主義とは偉い人が決めた命令には従わなければならない、という意味です。

日本や欧米では法治主義を、どんな偉い人でも、みんなで決めたこと、みんなの代表である議会が決めたことには従わなければならないという意味で使います。チャイナの法は

言葉の定義からしてまったく違うということがおわかりいただけたでしょうか。

韓非子は法（権力者の命令）を徹底させるためには、陰謀と実力を備えた力のある王が出てきて、法に背く者は皆殺しにするぐらいの法治主義をとり、世の中を恐怖によって安定させればいいのだと説いたのです。

古今東西の陰謀家の代表として「西のマキャベリ、東の韓非子」と挙げられます。しかし、一読すれば違いは一目瞭然です。

マキャベリは常識人です。たいていの日本人はおそらくマキャベリとは気が合うでしょう。たとえばマキャベリの代表的な言葉の「結果は手段を正当化する」など、「結果責任」という言葉で多くの人が使うと思います。途中経過をとやかく言うよりも、最後に出た結果が大事なのだ、ということは人生訓としても常識的だと思います。ついでに言うと、似て非なる言葉の「目的は手段を正当化する」はマキャベリではなく、イエズス会のモットーです。最後に結果を出すから途中が許されるのと、目的が正しければ何をやってもいい、というのはまったく違いますので、誤解なきようお願いします。

一方、韓非子は極論だらけです。

なにしろ思想の大前提になる人間社会がチャイナなのです。チャイナ大陸がどんなところか、彼らの社会がどんなものかは、第一章で復習してみてください。

老子は「社会からは離れるのが幸せ。ましてや政治になんか関わってはダメ」と説きました。韓非子は老子を踏まえて政治に関わる場合の心得を説きました。

チャイナ社会を前提にした話であると再度強調しておきます。「人間に因縁をつけて皆殺しにしなければならない」が韓非子の結論です。これが実践されれば、まさに仁義なき戦いで、恐ろしく殺伐とした世の中になってしまうのですが。

◉焚書坑儒で殺伐とした社会に

さて、こんな身も蓋もない韓非子の教えを実践する人が出てきてしまいました。秦の始皇帝です。

紀元前二二一年、秦の始皇帝は韓非子の教えを忠実に実行に移しチャイナを統一します。

首都を咸陽《かんよう》に置き、中央集権をとるために郡県制を敷き、いろいろ使われていた度量衡、文字、貨幣などを統一しました。始皇帝がこうしたことにその権力を発揮したのは偉いと言えます。ちなみに、秦の始皇帝が統一した漢字の字体は篆書《てんしょ》と呼ばれるもので、今も印鑑などによく使われています。また、統一したものを広めるために、度量衡（枡や分銅）に篆書を鋳込んで流通させるという一石二鳥の方法がとられました。

韓非子の教えを実践して、本を焼いて儒家を皆殺しにする焚書坑儒《ふんしょこうじゅ》も行われました。実際、どれくらいやったのかはわかりません。宰相の李斯が始皇帝に進言し行われたとも言われています。

韓非子はこの李斯の讒言《ざんげん》によって始皇帝に投獄され、死に追いやられます。李斯は始皇帝が韓非子の教えに傾倒していくのを見て、己の地位が脅かされると思ったようです。

始皇帝にまつわる話は中国の歴史書にも書かれています。しかし中国の歴史書は学校裏サイトみたいなもので、いつもは不良にカツアゲされている奴が陰で悪口を書いているような代物です。陰では「やるなら、やってやるぜ」と威勢のいいことを言いながら、目の前にその不良がいたら何も言えず「はい、これ、貢物です」という態度をとるような世界観なので、真に受けなくていいのです。

北方騎馬民族の乱入に備えて万里の長城を造ったと書かれていても、実際に万里の長城が残っているのは違う場所ですし、美女三〇〇〇人を集めて囲っておいた阿房宮《あぼうきゅう》を造ったとか、不老不死の薬を求めて全世界に人を派遣し、そのうちの一人徐福《じょふく》が日本に行ったのではないかとか伝説だらけなのです。

伝説をおもしろおかしく語るだけならいいのですが、そこから拡大解釈をさらに広げて、とんでもないストーリーを作るのがチャイニーズのやり口です。たとえば、徐福が日本に行ったというならば日本人は徐福の子孫で、だから日本列島は古代より中国固有の領土だと言い出すのがあの人たちですから、歴史は怖いのです。

秦はチャイナを統一したとはいえ、こうしたことばかりやっていたので、当然ながら殺伐とした社会になってしまい一五年で滅びました。

さすがのチャイニーズも、秦のように韓非子をそのまま建前にして実行するのはまずいと学習したのでしょう。

マキャベリが言っています。自分が陰謀家だと知られてはいけないのが陰謀の基本だと。始皇帝のように、韓非子を全面にもってくるようなやり方は陰謀ではないのです。

今でもチャイナの本音は韓非子なのですが、さすがに建前を韓非子にするわけにはいかないからせめて孔子ぐらいにしておこうとなり、より一層、権謀術数に磨きがかかりました。

孔子を否定するところから出発した韓非子が、建前を儒教にすることによって完成したと言えるのはなんとも皮肉なことです。

では再び西を見てみましょう。

第三節　地中海のライバル、カルタゴとローマが戦ったポエニ戦争

アレキサンダー大王が残した帝国が分裂してグダグダになっていたころ、イタリア半島で勃興してきた国があります。共和政ローマです。伝説によれば、紀元前七五三年に王政ローマが建国されました。それを紀元前五〇九年に倒して共和政を樹立し、史実によれば紀元前二七二年、半島南部のマグナ・グレキア（大ギリシャ）という地域のギリシャ人を征服してイタリア半島を統一しました。

こうして共和政ローマが勢力を伸ばしはじめたとき、地中海を挟んだ向こうのアフリカにカルタゴという大国がありました。ちょうど今のチュニジアあたりです。

チュニジア共和国の公式見解によれば、紀元前八一四年にカルタゴは建国されました。今のシリアあたりから、この地に移り住んできたフェニキア人が住み着いてつくった国です。

フェニキア人はユダヤ人と同様、メソポタミアのセム系の人々です。メソポタミアとカルタゴの関係は、ちょうどブリテンと米国の関係のイメージだと考えればわかりやすいでしょうか。すなわち、ブリテン島から行った人たちがアメリカ合衆国をつくり、大国にな

ったというような関係です。

◉地中海アフリカが先進地域だった

紀元前三世紀のポエニ戦争前夜のころ、カルタゴは商業、海運、農業が盛んで、金属加工にも優れ、西地中海の制海権を握る強国でした。経済や金融の仕組みも当時の世界最先端で、皮製の「銀行券」が流通し、地中海世界の国際通貨の位置を占めていたといいます。共和政ローマは、このカルタゴと西地中海の覇権を争い、なんと足掛け一一八年にも及ぶ、三次にわたる戦争をすることになりました。ローマではカルタゴのことを「ポエニ」と呼んだことから、ポエニ戦争と呼ばれます。

第一次ポエニ戦争の発端はシチリアという島でした。地図で言うと、ブーツの形をしたイタリア半島のつま先にあたるところに、蹴飛ばしているボールに見える島があります。その島がシチリアです。

そのシチリアを、最初はギリシャがもっていました。そこへローマがケンカを売り、さらにカルタゴとローマがシチリアを奪い合うという構図です。

これを地域という大きなくくりで説明するとこうなります。なんと言っても、地中海が先進地域です。なかでも地中海アフリカが先進地域で、次が地中海ヨーロッパです。最初

地中海のライバル、ローマとカルタゴ

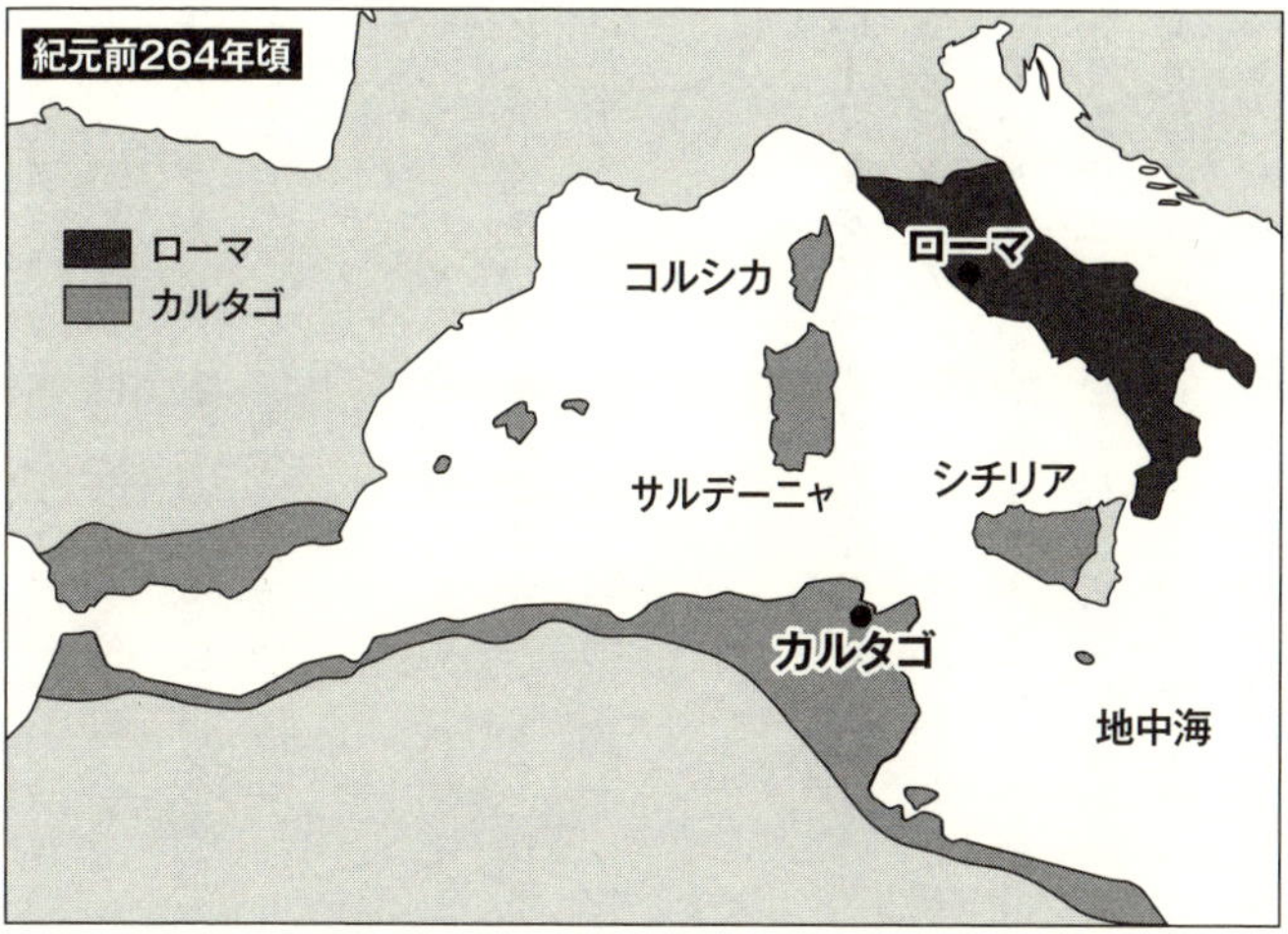

はギリシャだけが少し都会になり、続いてイタリアも都会になり、スペインも地中海側がまずは少し都会になったということです。もちろんここには、イギリス、フランス、ドイツなどは影も形も登場しません。この時代、「誰、それ?」という感じです。

カルタゴとローマがひたすら西地中海の覇権をめぐって争う、それがポエニ戦争です。

約四半世紀に及ぶ一回目（前二六四年～前二四一年）はローマが辛うじて勝ち、シチリアを奪い、さらにサルデーニャとコルシカも奪います。開戦前には大海軍を擁していたカルタゴは、地中海の制海権を失ってローマと和議を結びます。

二回目（前二一八年～前二〇一年）の第二次ポエニ戦争も一七年間の長きにわたって戦

われました。この第二次ポエニ戦争でローマの心胆を寒からしめたのが、天才と言われたカルタゴの若き名将、ハンニバルです。

余談ですが、ハンニバルという名前は最近すっかり、映画にもなったサイコスリラー『羊たちの沈黙』の猟奇的登場人物としてのほうが有名になってしまいました。サッカーのワールドカップで日本がチュニジアと対戦したときの話です。都内のチュニジア料理店「ハンニバル」を取材している番組で、馬鹿なレポーターが「どうして、そんなグロテスクな名前をつけるんですか」などと無邪気に質問しているのには呆れました。知らないのは仕方がないとしても、事前に調べずに取材に臨んでいる時点でプロ失格というものです。

◉ローマ軍を叩きのめしたハンニバル

さて、本物のハンニバルの話に戻りましょう。第二次ポエニ戦争は、雷将ハンニバルが率いるカルタゴ軍がローマ軍と戦闘を繰り返したのでハンニバル戦争とも呼ばれます。

第二次ポエニ戦争の最初の戦いはローマにとって不意打ちでした。ローマは地中海を挟んでカルタゴと対峙していたのですから、南に面した海の守りは固めていました。ところがハンニバルは五万の兵を引き連れ、地中海アフリカからイベリア半島に入りました。ピレネー山脈を越え、大河ローヌ川を渡り、アルプスを越えます。その間に約半数の兵を失い、北からローマに攻め込んだ軍勢は二万六〇〇〇。さらに、アルプス以南のガリア兵一万も加わります。

ハンニバルはこの行軍に三〇頭の象を引き連れていったと記録されています。その様子が絵にも描かれています。ちなみに、描かれている象は大きな三角の耳をもち、前にカーブした大きな牙をもつアフリカ象の特徴をもっています。アフリカから連れていったのでしょうか。当時の戦闘における象の威力は、現代で言えば戦車のようなものでした。

こうして緒戦でローマ軍を蹴散らしたハンニバルは、これを含めて四回連続でローマを叩きのめします。その四度目が、紀元前二一六年のカンネーの戦いです。いまだに世界中の軍人が戦術の手本と仰ぐ、完璧な包囲殲滅《せんめつ》戦でした。カルタゴ軍は歩兵三万、騎兵一万。対するローマ軍は歩兵八万、騎兵六〇〇〇。ハンニバルは自軍に倍する敵を包囲殲滅したわけです。

ハンニバルの戦術の定番は、騎馬戦に適した盆地に敵を誘い込むというものでした。このカンネーの戦いでも弱い部隊を中央に置き、わざと敵に押させて退いていきます。ずるずる後退して自陣の奥深くへローマ軍を十分引き込んだところで、両側から騎馬隊が襲いかかり、両翼の歩兵部隊が包囲します。八万のローマ軍はなすすべもなく殲滅されました。

　世界の戦史に残る包囲殲滅でローマは大会戦で負け、野戦でも負け、ひたすら籠城してゲリラ戦のようにローマを死守するというやり方をとりはじめました。

　しかし、ローマがカルタゴ軍を決定的に跳ね返すときがやってきます。緒戦におけるハンニバルのアルプス越えでローマ本国を攻められた仇を討つと言わんばかりに、今度はスキピオ率いるローマ軍がカルタゴ本国に攻め込みます。紀元前二〇二年のザマの戦いです。スキピオはハンニバルの戦法を徹底的に研究し、ハンニバルとまったく同じ挟撃戦法でカルタゴ軍を斃《たお》しました。

　敗将ハンニバルはローマへの降伏と講和をカルタゴの元老院に進言して承認されますが、同胞のカルタゴ側から、「ハンニバルはローマへの復讐戦を企んでいる」と密告され、ローマ軍に追われる身となってついに毒杯を仰ぎます。

　ハンニバルの真の敗因はザマの敗戦よりも、国内で人望がなかったことです。ハンニバルが軍閥化したことに自分たちの権益が奪われるのではないかと危機感を覚えたヘタレた政府のせいで負けたのです。

　和平の代償としてカルタゴがローマから突きつけられた要求は、ほとんど憲法九条押しつけ同然のような苛酷なものでした。主なものを挙げると、一〇艘を除く軍船の引き渡し、すなわち海軍の解体、ローマおよびその同盟国への戦争放棄、ローマの承認なしに戦争をしないことです。

◉徹底して焼き尽くされたカルタゴ

第二次ポエニ戦争までで、地中海世界におけるローマの覇権は確立しました。第三次ポエニ戦争はおまけにすぎません。

その第三次ポエニ戦争を推進したのが、ローマの政治家、大カトーです。大カトーはどのような演説でも演説の内容と関係あろうがなかろうが、終えるときは「それはさておき、カルタゴは討伐されるべきである」と締めくくりました。ちなみに曾孫《ひまご》は同姓同名で、「小カトー」と呼ばれます。

カルタゴの支配を離れてローマの同盟国となったヌミディアは、ザマの戦いのあとカルタゴが戦争放棄を誓約したのをいいことに、侵略を繰り返しました。ヌミディアは今のアルジェリアあたりの国です。

カルタゴがヌミディアの執拗な攻撃にたまりかねて反撃すると、ローマはそれを口実に徹底的にカルタゴを挑発しました。まず、ヌミディアへの攻撃禁止と、三〇〇人の貴族の幼児の人質を要求します。カルタゴが飲むと、次に全武器、全船舶、糧食の大部分の引き渡しを迫ります。カルタゴがこの要求も受け入れると、ローマはさらに、全住民の立ち退きとカルタゴ市の完全破壊を要求しました。

ローマは、何がなんでもカルタゴを滅ぼす気だったのです。

紀元前一四九年、追い詰められたカルタゴは決起します。三年間の包囲戦に耐えましたが、最後はローマの大軍の猛攻で灰にされてしまいました。カルタゴ市だけでなく全領土が徹底的に破壊され、二度と立ち上がれないようにされたのです。

カルタゴの男は皆殺しにされ、女は奴隷として連れていかれ、カルタゴの町は火で焼き尽くされ、文字どおり灰にされました。三日間焼き討ちにすれば許してやるというのが普通でしたがそれでは終わらず、カルタゴ市は一七日間燃え続けたといいます。

今、カルタゴの遺跡は元のものはなく、ローマの属州になってからの遺跡しかありません。それだけ徹底的にやられたということです。裏を返せば、ローマがどれだけカルタゴを恐れていたかを物語ります。

ローマが強かったと言えるのはポエニ戦争の片手間に、マケドニアも征服していることです。もっとも、マケドニアの落ちぶれかたが甚だしいのですが。アレキサンダー大王はいずこに、というようなマケドニアの凋落《ちょうらく》ぶりでした。

ローマは恐れるものがなくなったのでどんどん伸びていきます。地中海アフリカに地中海ヨーロッパが勝って、大帝国を築いていくというパターンです。アレキサンダー大王のときもそうでした。

アレキサンダー大王とローマの違いは個人か集団かということです。

アレキサンダー大王の場合はアレキサンダー大王一人の才覚に頼って行われたのに対して、ローマの場合は集団で、しかも才能に頼るのではなく根性に頼ったというところです。

負けた側のカルタゴを観察すると、ハンニバルを信じてすべてを任せておけば、滅びなかっただろうにと思います。第三次ポエニ戦争直前だって、なすすべがなくなってから絶望的な戦いに打って出て、滅ぼされています。国が亡びるときというのはこういうものかもしれません。

ただ、根性はカルタゴにもありました。このあとローマの属州になり下がってからは、出てくる帝国、出てくる帝国にずっと征服され続けました。しかしその最後が残って今に繋がり、ここ一〇〇年は独立を回復している状態なのです。今でもチュニジア人はハンニバルの後継者を自認しています。

ところで、チャイナ大陸のほうは、その後どうなったでしょうか。

第四節　漢帝国の実情

始皇帝が戦国時代を統一し、韓非子の教えを徹底的に実践した結果、秦はわずか一五年で滅びたと先の節で書きました。秦が滅んで漢が起こったころのことを少し詳しく見ておきます。

大漢帝国などと、さも大帝国があったように言われます。が、実態はというと、なんのことはありません。例の「中国史のパターン」をひたすら繰り返しているだけです。ちなみに、「中国史のパターン」は古代に特有なのではなく現代でも当てはまります。毛沢東や鄧小平を初代皇帝として見れば、短いサイクルではあってもパターンは当てはまってしまいます。

チャイニーズはいつの時代も常に中国史のパターンを繰り返し、パターンから抜け出せない人たちなのです。おまけにそのパターンから抜け出そうとすればもっと悲惨になるという、どうしようもない人たちです。

◉秦の滅亡は農民の反乱が原因だった

始皇帝の死の翌年（前二〇九年）に陳勝《ちんしょう》・呉広《ごこう》の乱が起きます。これは、農民の陳勝と呉広が起こした記念すべき（？）農民反乱の最初です。

起こしたきっかけは、遅刻でした。陳勝が雑徭《ぞうよう》として守備に徴発されたとき、任地に向かう途中で大雨のために到着の期限に遅れそうになりました。遅れたら死刑です。なにしろ、秦は韓非子の教えを実践する法治主義ですから。そこで陳勝は「死刑になるぐらいなら、いっそのこと反乱を起こしちまえ」と、仲間の呉広とともに守備に向かう農民たちをけしかけ、蜂起したのです。

陳勝は「王侯将相《おうこうしょうそう》いずくんぞ種《しゅ》あらんや」（王や諸侯、将軍、宰相にどうして種〈家柄〉があるだろうか。いや、そんなものはない）と言って、農民に呼びかけたといいます。

翌年、この乱は鎮圧されました。しかしこれがきっかけになり、あちらこちらで反乱が起こり、ついに秦が滅亡するのです。

陳勝・呉広の乱に触発され、楚の項羽《こうう》が挙兵しました。項羽は一応、正規軍の軍人です。戦争にやたらと強く、七万人の兵を率いて七〇万人の敵を撃破し、そのうち捕虜にした二〇万人を生き埋めにしたと伝えられます。しかしこれもどこまでが本当の話なのかわかりません。二〇〇〇人でも二〇万人と二桁多く言っている可能性もあります。なにせ、白髪三千丈の国ですから。近年の南京大虐殺でも一人、二人、三人、三〇万人のように言うので、お前らは四が数えられないのかと言いたくなります。チャイニーズはそんな人たちですから。

ただ、項羽が決起したのは史実として認められます。

さらに農民の劉邦《りゅうほう》が挙兵します。農民と言われますが、はっきり言えばヤクザです。ヤクザの劉邦が勝ち抜いて、漢の高祖になるのはもう少しあとの話です。とてもこんな人が始皇帝のつくった秦に取って代われるなど、誰も考えていませんでした。

項羽と劉邦は先に秦の本拠地に入った者が王になるという固い約束を交わしていました。劉邦が先に入ります。秦を滅ぼしてしまいました。

ところが、項羽は劉邦に野心があるとして、劉邦を襲撃しようとします。それを察知した劉邦が、項羽の陣取る鴻門《こうもん》に詫びを入れにやってきました。項羽の部下が、酒宴の剣舞に紛れて劉邦を殺そうとしますが、すんでのところで劉邦は逃れることができました。「鴻門之会」で語られる話です。

かいつまんで書きましたが、ほとんど大河ドラマです。まったくの作り話ではないだろうけれど脚色が相当なされていて、どこまでが史実なのかも疑問です。

中国史というのは、おもしろい話だけが残っているので、文献に何が書かれていたかなど細かいことを言っても意味がありません。

難を逃れた劉邦は戦争に負けながら仲間を増やしていくという戦いをしました。戦争に勝ちながらではありません。劉邦は戦いに弱く、ときには逃げることもいとわず、周囲に助けられながら進んでいきます。

紀元前二〇二年、項羽と劉邦は垓下《がいか》で戦い、最後に項羽は敵に囲まれます。取り囲んだ漢軍が項羽の故郷、楚の歌を一斉に歌います。四方から故郷の歌が聞こえてくるのを、項羽は「俺の故郷楚の奴らは皆、劉邦に寝返ったのだ」と思い、望みを失って自分で自分の首をはねてしまいます。この逸話から熟語「四面楚歌」が生まれました。

戦前の日本のプロパガンダの教科書には「四面楚歌は世界最古のプロパガンダである」と書かれています。

項羽の愛妾・虞美人《ぐびじん》が自殺したとき首を切り、血が垂れたところに花が咲いたという逸話も本当かというような話です。ちなみに、そのとき咲いたとされる花は虞美人草と呼ばれ、ヒナゲシのことです。しつこいですが、こんな話は真に受けないで、話半分に聞いてください。

劉邦が漢を建国し高祖となります。

◉名ばかりの大漢帝国の実力

漢は一旦途切れるので、劉邦の立てた漢をとくに前漢《ぜんかん》と言います。漢は前漢、後漢《ごかん》を合わせて四〇〇年ぐらい続きました。チャイナ大陸の歴史のなかでは長いほうです。

では、「大漢帝国」を自称するほどの国はどれくらい強かったのでしょうか。チャイナ人社会を統一した（天下を取ったという）二年後には、もう北方騎馬民族（匈奴《きょうど》）に降伏しているのです。だから、「チャイナの歴史書など、学校裏サイトと同じ」なのです。好き勝手なことを書いて現代に生き残っていますが、彼らの記述をちゃんと読むだけでも、実態がわかろうというものなのです。

そして劉邦の死後、お決まりのパターンが始まりました。内ゲバです。

皇后が劉邦の愛人の戚《せき》夫人を「人豚《じんとん》の刑」にしたと漢文の授業で習います。それがどんなものだったのかは、あまりにも凄惨でおぞましいものなのでとても詳細は書けません。息子の第二代皇帝の恵帝が母親の所業を見て、「人間はここまで残虐になれるのだ」と発狂したほどのものであったとだけ書いておきます。

漢は内ゲバが続くあいだも、北方騎馬民族の匈奴にカツアゲされながら生き延びていたというのが実態です。紀元前一二七年、第七代皇帝・武帝が匈奴を攻撃し、やっと朝貢を

漢と匈奴

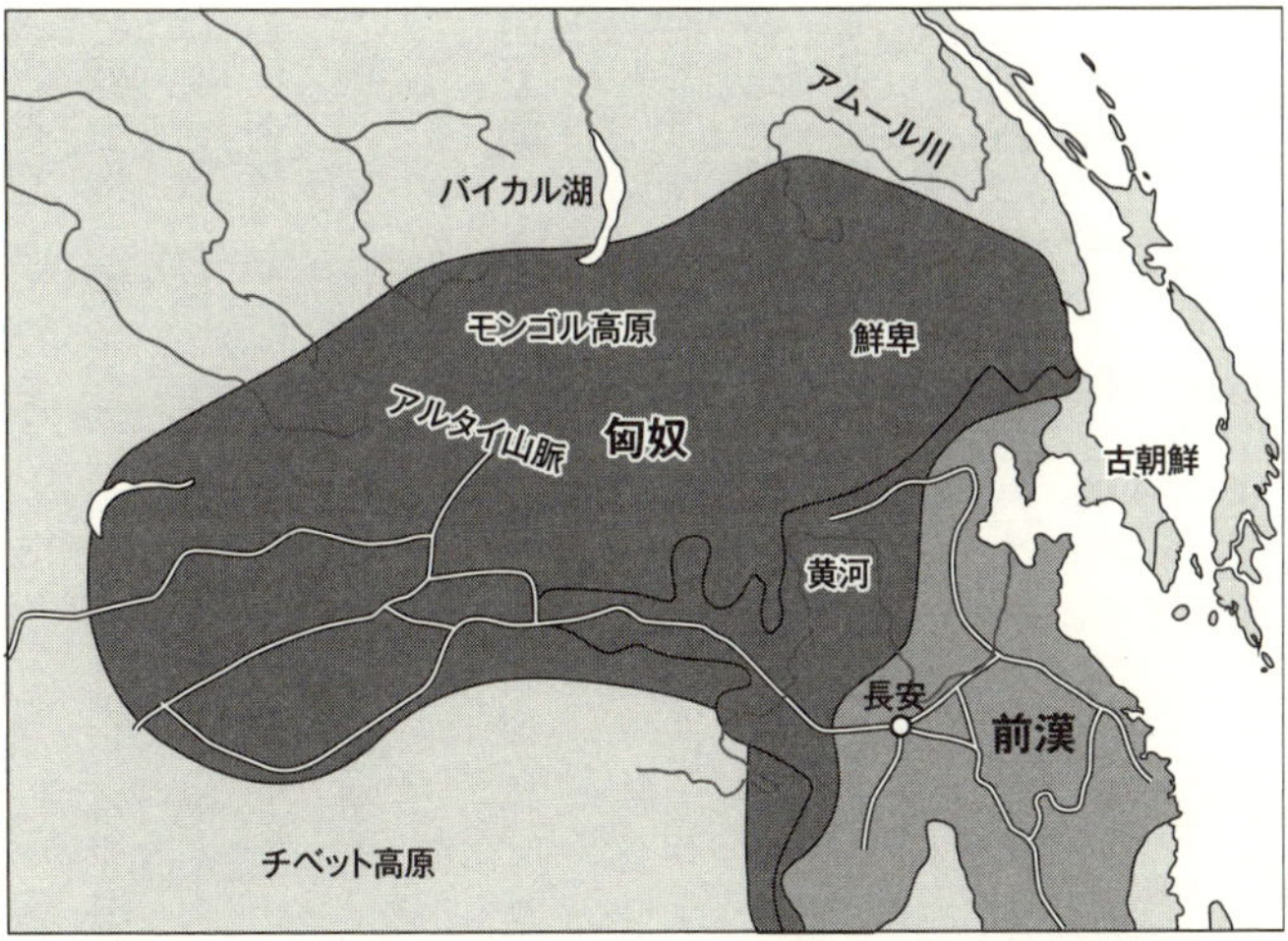

免れたというようなことがシレッと書かれています。

それを記したのは司馬遷《しばせん》です。東洋最古の歴史書である『史記《しき》』を著しました。

司馬遷は匈奴との外交関係において裏切り者とされ、宮刑《きゅうけい》（男根を切られる刑罰）をくらい、その悔しさを歴史書にぶつけたところから生まれたのが『史記』です。ちなみに、日本の作家・司馬遼太郎《しばりょうたろう》のペンネームは司馬遷にちなんだもので、「司馬遷には遼《はる》かに及ばないが、その気概だけはもっている日本男児」という意味だそうです。

日本の受験生は『史記』などとともに、中国の歴史書を覚えさせられます。その一つが『漢書《かんじょ》』のなかの「地理志《ちりし》」、『漢書地理志』です。

『漢書地理志』を覚えさせられるのは、大漢帝国様の歴史書に初めて日本が記されて、やっと歴史に登場した、というのがその理由だと思います。その記述は紀元前一世紀頃の日本は「百余の国に分かれている」とあるだけです。一〇〇余りの国があったのは嘘ではないでしょう。北方騎馬民族にカツアゲされている凶暴な人たちの歴史書に書かれているからといって、無視することはありません。それが何なのかはよくわかりませんが。

第五節　カエサルとオクタビアヌスのローマ帝国

西のほうでは、ローマの膨張が止まりません。

第三次ポエニ戦争でカルタゴと戦っている最中に、アレキサンダー大王の祖国・マケドニアを征服しました。

ローマの戦いは外に向かうだけではありません。内にも反乱が起こります。

紀元前七三年に起きたスパルタクスの反乱です。剣闘士スパルタクスらの指導のもとに、一時奴隷が多数参加し、三回起こった奴隷の反乱のうち最大規模のものでした。しかしスパルタクスはクラッスス（ローマの政治家、軍人）に敗れ戦死します。

ローマは一〇〇年の内戦に突入しながら、周辺諸国を併合していくのです。どれだけ凶暴な連中なのか。

紀元前六三年にはアレキサンダー大王の落とし子、東方の帝国セレウコス朝シリアを征服しました。そのとき功績のあった、ポンペイウス、クラッスス、そしてカエサルが第一回三頭政治を行うようになります。要は、三人が密約を結んで元老院に対抗しようというものです。

◉膨大な借金の使い途

カエサルについて触れておきましょう。フルネームはガイウス・ユリウス・カエサルです。

三人のなかで、カエサルが一番若造でした。カエサルの名は皇帝を意味する、カイザー（ドイツ語）、ツァーリ（ロシア語）の語源にもなりました。英語で七月のJulyもカエサルが七月生まれだったことから、その名ユリウスが語源です。

カエサルはガリア（今のフランスにあたる）を征服し、『ガリア戦記』を著しています。本を書いてしまうくらい筆が立つ人でした。

カエサルは常に金がない人でした。借金が国家予算並みにあったというのですから、半端な金額ではありません。

カエサルは膨大な借金をしてまで三つのことに金を使いました。一つは、手下を養うための宴会。もう一つは本です。自分でも本を書くだけあって、本をたくさん読んでいました。当時の本は高級品でしたから、とても高かったのです。さらにもう一つは女の子への贈り物です。手当たり次第に贈りまくっていたそうです。だからでしょうか、カエサルはたいして美男子でもないのに女性にモテたといいます。

カエサルは元老院議員の三分の一の人たちの妻を寝取った男です。いくら当時の結婚のほとんどが政略結婚だからといっても、妻を寝取られることは男にとって一番プライドが傷つけられます。おまけにカエサルは寝取ったことを隠しもしないので、ますます人の恨みを買ってしまうわけです。

カエサルは「髪の毛以外すべてのものを手に入れた」とも言われました。禿げていたのです。

しかし、カエサルが手に入れられなかったものは、髪の毛だけではありませんでした。カエサルが死ぬまで一度として手に入れることができなかったのが、パルティアに対する勝利でした。パルティアはセレウコス朝シリアから独立してできた東西を繋ぐ大帝国で、「安息国」とも呼ばれる国です。パルティアについては、第三章で詳しく述べます。

後世、皇帝の語源になったようなカエサルでさえ、オリエントには勝てなかったので

ガリア戦争終結後の共和政ローマ

す。

カエサルはガリアなどヨーロッパ方面では勝てたけれど、東方の国には勝てません。それだけ東方の国は強かったと言えましょう。スパルタクスを討ち取ったクラッススは勝てないどころか、パルティアと戦って戦死してしまいました。

クラッススの死で三頭政治の一角が崩れ、カエサルとポンペイウスが対立していくなか、ポンペイウスは元老院にすり寄っていきます。

カエサルがガリアからローマに帰還する際、ルビコン川を「賽《さい》は投げられた」という有名なセリフとともに渡り、ローマの内戦が始まります。

当時のローマでは法によって、北イタリア

のルビコン川を武装したまま渡ることは禁じられていたので、武装してルビコン川を渡ったカエサルはローマに敵対したと見なされたのです。だから「賽は投げられた」、そうしてしまった以上はやるしかないということなのです。「ルビコン川を渡る」という言い方が、一線を越える大事な決断をして行動することを意味するのもここからきています。ちなみに本物のルビコン川はたいして広くも深くもありません。物理的には。

◉クレオパトラへの陶酔

カエサルとポンペイウスが率いる元老院派の対立は激化します。内戦に勝ったのはカエサルです。エジプトに逃げたポンペイウスを追って、カエサルもエジプトに行きます。

このときのエジプトはローマが本気になればいつでも滅ぼせるぐらい、ただ馬鹿デカいだけの国でした。ところが、そこには世界三大美女の一人と言われる、有名なクレオパトラがいたのです。

カエサルはクレオパトラに溺れていきました。

元老院の要請でローマに帰還する途中、黒海周辺のポントス王国というところを征服したときに、元老院から「報告書をよこせ」と言われ、カエサルは「俺は女遊びに忙しいのだ」と、「来た、見た、勝った」と三語だけ書いて送ったのも有名な話です。結局、元老

クレオパトラとカエサル（ジャン＝レオン・ジェローム画）

院はカエサルにインペラトルの称号を贈っています。インペラトルとはエンペラーのことです。

じつは隠し子ではないかと言われるくらい、カエサルがかわいがっていた人がいました。ブルタウスです。

最後、カエサルが元老院に、よってたかって殺されるとき、「ブルタウス、お前もか」と言ったのは、そのなかにブルタウスがいたからなのです。

カエサルは自業自得の人生でした。

カエサルの後継者は彼の養子のオクタビアヌスです。

オクタビアヌスはカエサルの死後、カエサルが成し遂げられなかった東方のパルティア討伐を名目に軍を掌握します。あくまでもそれは大義名分であって、実際は養父カエサルの敵討ちのためです。

オクタビアヌスはカエサルの部下だったアントニウスとレピドゥスの三人で第二回三頭政治を始め、宿敵ブルタウスを倒すことに成功します。

しかし共通の敵がいなくなると内ゲバが始まるという法則のとおり、アントニウスが離反しクレオパトラと組んでしまいます。アントニウスはクレオパトラのハニートラップにかかってしまったのです。

◉美貌という最強の武器

ここで、クレオパトラを少し紹介しましょう。

クレオパトラは人類で最初に二四時間入れるお風呂を使った人だと言われています。二四時間いつでもお風呂に入れるように奴隷を一〇〇〇人だとか使って、毎日お湯を絶やすことのないように沸かしていたのです。大変な労力が必要だったことでしょう。今なら日本のフリーターだってクレオパトラと同じことができますが。

クレオパトラが二四時間のお風呂を用意させたのも、国家安全保障の最大の武器である美貌を保つためでした。何しろ、当時の落ちぶれきったエジプトの最大の安全保障の手段が、「女王自ら行うハニートラップ」なのですから。

クレオパトラは侵略者を片っ端から悩殺していき、骨抜きにしていって、エジプトの安定を図っていました。カエサルもアントニウスもそれにやられたのです。

カエサルはクレオパトラに溺れても、さすがにローマをエジプトに売り渡すようなことはしなかったのですが、アントニウスはそれをやってしまいました。

クレオパトラは今度も美貌を武器にオクタビアヌスも骨抜きにしようとしたのですが、オクタビアヌスは結構堅く、そんなハニートラップにはかかりませんでした。オクタビアヌス自身が堅物だったというのも確かでしょう。オクタビアヌスがひっかからなかった理由が他にも考えられます。

オクタビアヌスの奥さんは五歳年下の一九歳で、妊娠六カ月の妊婦でした。じつはこの妊婦は人妻だったのですがオクタビアヌスが惚れてしまい、その妊婦の旦那のところに「奥さんをください」と直談判に行ったのです。手続き上の問題か何かで、すぐには結婚できなかったようですが、妊婦は出産後に離婚し、前の旦那を立会人にしてオクタビアヌスと結婚式を挙げたというような経緯《いきさつ》がありました。そこまでして手に入れた奥さんがいたからというのがクレオパトラの色香に迷うことがなかった理由かとも思えます。しかし人は変わります。そんなオクタビアヌスも年をとってからは浮気をしまくるのです。若いころ堅物だったことの反動だったのでしょうか。

◉意外に狭かったパックスロマーナの勢力圏

話が思わぬところへいってしまいました。戻りましょう。

堅物のオクタビアヌスがアントニウスとクレオパトラを撃破し、一世紀にも及ぶ内戦が終結しました。

オクタビアヌスはローマ全土の支配者となり、元老院からアウグストゥス（尊厳のある者）の称号を授けられ、ローマの帝政が始まりました。これ以降、アウグストゥスは皇帝の称号になっていきます。

ローマはオクタビアヌスの治世下、パックスロマーナ、ローマの平和と呼ばれる黄金期を迎えます。

ヨーロッパの歴史書では、オクタビアヌスとハプスブルクのフランツ・ヨーゼフ一世が「ヨーロッパ二大几帳面皇帝」と呼ばれています。毎日きちんと決まった時間に朝から晩まで仕事をしていたから、というのが理由だそうです。そんなの日本の歴代天皇は全員がやっていますから、いかにヨーロッパの王様が怠惰なのか。それともわが国の歴代天皇が働きすぎなのか。

ちなみに、パックスロマーナと言うときのローマがどんなものだったのかと見れば、地中海全域の帝国に見えますが、じつはそれほど広くはなく、イタリア、フランス、スペイン、地中海アフリカではエジプト、チュニジアの沿岸部分、そしてトルコ半島にまたがる地域です。このときのローマ帝国より大きな国というのは歴史上たくさんあります。ついでに言うとなんですが、絶頂期の版図を比べると、ローマよりも大日本帝国のほうが巨大です。

ヨーロッパ史や中国史がいかに自分たちに都合の良い部分だけを取り上げ、飾り立てて吹聴し、世界史をねじ曲げてきたか。

中国（つまり、自国が世界の中心である）を自称するチャイナ人など、周辺諸国に小突き回される憐れな存在です。

アレキサンダー大王一代だけは例外ですが、絶頂期のローマ帝国とて常に東方（オリエント）の脅威にさらされています。英仏独など歴史に出てきませんし（実際には辺境の蛮族として記述されるのみ）、チュニジアやアルジェリアのほうがよほど先進的なのです。

そんなチャイナやヨーロッパを中心とした東洋史と西洋史を足したところで、「世界史」にはなりません。

そんな虚構の世界史ではなく、真の姿を求めて次章ではオリエントの歴史を見てみることにしましょう。

第三章　消された真の先進地域

第一節　ユダヤ人の悲惨な宿命とユダヤ教

巷《ちまた》ではユダヤ陰謀論などという代物が後を絶たず、「ユダヤ」という一言がついた途端にどんな荒唐無稽なお話ももっともらしく語られてしまう傾向があります。

たとえば、「ブティックの試着室から女性が忽然と姿を消し、後日、とんでもないところで売春させられているのを発見される」というような都市伝説が、今でも時々ささやかれることがあります。これも元は「オルレアンの噂」と言って、ユダヤ人にいわれなき濡れ衣を着せて中傷する風聞から始まったものです。

このレベルの話が大きくなると、「ロシア革命も大恐慌も米ソ冷戦も朝鮮戦争も、みんなユダヤが牛耳る国際グローバル金融資本の仕業だ」などという幼稚な陰謀論が、未だに幅を利かせることになります。

こんな与太話を信じたり持て囃したりする人が絶えないのは、ごくごく基本的な事実が知られていないからでしょう。ここでは、ユダヤ人とユダヤ教について、「まず、これくらいは知っておいてほしい」ことを押さえておきます。

◉遊牧民が建設したヘブライ王国

『旧約聖書』の「出エジプト記」には、エジプトで奴隷にされていたヘブライ人たちをモーセという指導者が引き連れて大脱出し、エジプトの追手が迫るなか、海を切り開いて逃げ切るという話が書かれています。ヘブライ人とは、結論だけ簡単に言えばユダヤ人のことです。『十戒』（一九五六年）という映画で、海を割ってヘブライ人を率いていくモーセと、海が再び閉じて、追いかけてきたエジプト軍が飲まれていくシーンが見せ場になっています。

ちなみに、『栄光への脱出（原題、Exodus）』（一九六〇年）というモーセの大脱出にかこつけて、イスラエル独立戦争を美化した映画もありました。これを見て、なぜかアラブのテロリストになってしまったのが岡本公三《おかもとこうぞう》です。岡本公三がテルアビブ空港乱射事件（一九七二年）を起こして捕まったときに、イスラエルの警察長官か誰かが「こいつはただのバカだ。こいつに思想なんかない」と言いきったそうです。

閑話休題。「出エジプト記」に記されているモーセの大脱出は、聖書以外に裏付ける文献がなく、考古学でも直接裏付ける証拠は出てきていません。ただ、伝説の核になる何らかの史実があった可能性はあります。「出エジプト記」の記述は、ラムセス二世（在位前一二九〇年～前一二二四年頃）の時代の出来事のように書かれています。

モーセという人物が実在したのかどうかも史料や考古学ではいまだ明らかになっていないのですが、モーセの大脱出を記念した過ぎ越しの祭はユダヤ教の最重要な宗教行事の一つですし、モーセが神のお告げによって受けたとされる一〇の戒律（十戒）がユダヤ教の核となっています。

日本人は、『古事記』なんかにこういう話が書いてあると、「バカバカしい神話だ」で片づけるのに、外国人相手だと「ヨソの国の人が大切にしている話を簡単に切って捨ててはいけない。もしかしたら事実かもしれないのだから」となるのだから、よくわからない二重基準です。

ということで、（実在したかもしれない）モーセによる大脱出（があったかもしれない時代）から約三〇〇年後、ユーフラテス川上流の遊牧民がヘブライ王国を建設しました。紀元前一〇〇〇年頃のことです。ヘブライ王国の王都はイェルサレムです。日本語ではエルサレムと表記するほうが多いかもしれませんが、「イェ」の表記のほうがより原音に近いです。

紀元前九六〇年頃、ヘブライ王国は第二代ダヴィデ王のときに絶頂期を迎えます。ダヴィデ王は一二の部族から成るユダヤ人の部族連合を統一し、初代のサウル王が戦ったペリシテ人を下し、さらに周辺諸民族も従えて統一王国をつくりました。ペリシテ人というのは、当時、東地中海一帯で活躍した海洋民族です。重装歩兵部隊と鉄器をもち、軍事力が強かったので、かなりの勢力がありました。

余談ですが、有名なルネサンス期のミケランジェロの彫刻・ダビデ像はこのダヴィデ王で、その姿形はややギリシャ的なのだそうです。ダヴィデ王をモデルにしたものはまだありますトランプのスペードのキングはこのダヴィデ王がモデルです。ちなみに、他の三人はクローバーのキングがアレキサンダー大王、ダイヤのキングがカエサル、そしてハートのキングがカール大帝をそれぞれモデルにして作られています。

ヘブライ王国の建設（紀元前1000年頃）

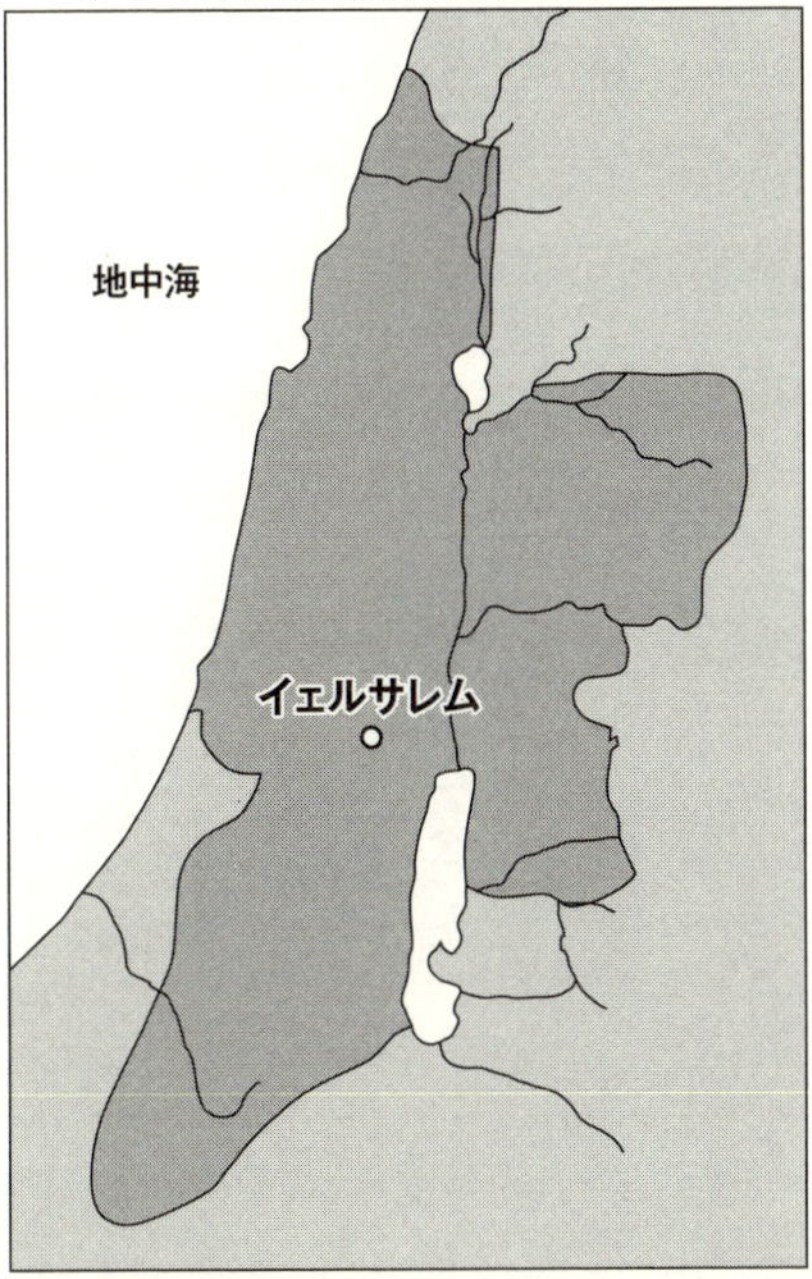

ダヴィデ王を継いだのは、息子ソロモンです。続く第三代ソロモン王がその地位にあったあいだも、ヘブライ王国の絶頂期は続いていました。

ところが、ソロモン王の死後、いきなり王国が二つに分裂してしまいます（前九二二年）。一つがイスラエル王国（北部）、もう一つがユダ王国（南部）です。分裂した両国は対立し続けます。「ユダヤ陰謀論」を言う人に、「あなた、ユダヤとイスラエルが宿敵だと知っていますか」と聞くと絶句されるのが常なのですが、こういう基本的な古代史は知っておいてほしいものです。

◉異国での辛苦がユダヤ人の基礎となった

紀元前七二二年、イスラエル王国がアッシリアに滅ぼされます。アッシリアのことは次節で詳しく述べます。イスラエル王国は最初アッシリアに貢物を贈って許してもらったものの、エジプトと結んで逆らったためにアッシリアに攻められて滅びました。大国に挟まれた小国の悲哀です。

ユダ王国も新バビロニアとエジプトのあいだで翻弄されます。新バビロニアというのは紀元前七世紀の終わりごろからメソポタミアで栄えていた国です。ユダ王国は、新バビロニアがエジプトに勝つと新バビロニアに朝貢し、エジプトが勝つと朝貢を停止して新バビロニアに反旗を翻す、というようなことを繰り返した結果、新バビロニアが派遣した懲罰軍によってイェルサレムの街を破壊され、神殿を燃やされて滅亡しました（前五八六年）。ユダ王国は新バビロニアの属州となり、王や側近だけでなく、貴族、祭司、軍人、工匠など、イェルサレムとユダ王国内の大多数の民が新バビロニアに連れていかれました。このようにユダ王国の人々が新バビロニアに送られたことを、「バビロン捕囚」と言います。捕囚となった人々は、その約五〇年後の紀元前五三八年、新バビロニアを滅ぼしたアケメネス朝ペルシャの王、キュロス二世（第三章第三節参照）によって解放され、帰還を許されました。

捕囚といっても厳しく拘束されていたのは王やその一族と高官だけで、一般のユダヤ人たちは移住先でそれぞれの仕事に従事し、おおむね普通の生活を営んでいたらしいですが、国を滅ぼされ、都イェルサレムも神殿も失い、異国で五〇年間の粒々辛苦を重ねた民族的経験が、それ以後のユダヤ人の宗教や思想や生活様式を形作ることになります。

第一に、バビロン捕囚のあいだにかえって民族的アイデンティティが強化されました。祖国が滅ぼされ、国の祭儀の中心であった神殿が破壊され、異国に連れていかれたことで、ユダヤ人は民族消滅の危機を意識します。神に選ばれて契約を結んだ「神の民」としてのアイデンティティを守る努力の一貫として、のちに『旧約聖書』となる宗教的文書の集成や研究が盛んに行われました。

第二に、神殿祭儀が不可能になった環境のなかで民族の伝統や宗教を守るため、日常生活での信仰や行事が重視されるようになりました。宗教的遺産として伝えられてきた律法

（ユダヤ教の戒律）をシナゴーグという集会所に集まって学ぶ制度はユダヤ教の重要な要素であり、捕囚時代に発達したものです。

ユダヤ教はバビロン捕囚での民族的苦難を基礎とし、捕囚から帰還後の神殿再建を以て成立したとされています。捕囚以前の宗教はユダヤ教と区別して「古代イスラエル教」と呼ばれます。捕囚時代がユダヤ教を作ったのです。

異国で虐げられていたユダヤ人を救い出したモーセを描く「出エジプト記」には、捕囚から帰還した民による記述が組み込まれています。モーセによる大脱出とバビロン捕囚からの解放を重ね合わせているわけです。

一度しか戦争に負けた経験がない日本人には理解しがたいかもしれませんが、敗戦はえてして民族のアイデンティティを強化し、ナショナリズムを強めるものなのです。そういう歴史を知っていたアメリカの白人が、日本を弱めようと徹底したナショナリズム破壊政策を占領期にやった面もあります。世界史を学ぶ一つの理由は、他の民族の歴史を知ることにより、亡国とはどういうものかを理解することにもあります。

◉ユダヤ教の最大の特徴は「選民思想」

このようにして捕囚時代を基に成立したユダヤ教には際立った特徴があります。

第一は「われわれは神に選ばれし民である」という選民思想です。この考えはバビロン捕囚の経験によって強化されたものです。「どれほど長いあいだ、どのような苦難が続いても、最後には必ず、神に選ばれて神と契約を結んだわれわれユダヤ人を神が助けてくれる」という考えがあります。

世界が終わる人類の終末のときにも、自分たちを迫害する悪しきものを神がすべて滅ぼしてくれて、自分たち（だけ）は必ず救われると信じています。ユダヤ人は神の民であるから、神がユダヤ人を特別に愛し、守ってくれるというのが大前提なのです。

ユダヤ人の選民思想がなんたるかを知ると、日本人に本物の右翼がいない理由が簡単にわかります。日本人の右翼は宗教右翼ではないからです。日本の右翼はすぐにアジア主義になって「中国でも明治維新を」と左翼みたいなことを言い出します。自分たちさえよければ、全人類のことなんかどうでもいい、知ったこっちゃねえ、とはなかなか考えません。そんなことを考えること自体が思いつかないと言ったほうがいいでしょうか。だから日本人は本物の右翼になれないのです。宗教右翼が本当の右翼です。そういう意味をまず知らないと、右だとか左だとかは到底言えません。

第二に、世界の終わりに神が救世主を送って正しい者を救い、悪しき者を滅ぼすという終末思想が生じていったことです。「正しい者」というのは正しい神を正しく信じて正しい生活を送った者、ということですから、平たく言えばこの世の終わりに自分たちだけ救われるという思想です。

初期のユダヤ教では終末思想は希薄で、救世主というのはあくまでも現実にイスラエルを救ってくれる強く賢い政治的指導者への待望でした。また「神の裁き」は、モーセの大脱出やバビロン捕囚からの帰還のときのように、ユダヤ人を迫害する他国の勢力を現実に神が滅ぼしてくれたから、今、自分たちを迫害している奴らもそのうち滅ぼされるに違いないという意味で、現世の出来事を意味していました。現実的具体的かつポジティブな信仰だったわけです。

ところが紀元前二世紀以降、現世で神に救済されて民族再興ができるというのではなく、この世界が終わる最後の最後に救世主が現れて救われるという彼岸的な終末思想が強まっていきました。ユダヤ教の主な宗派のいくつかはこのような終末思想と救世主観をもつようになり、これらはやがてキリスト教に引き継がれることになります。

第三に、ユダヤ教は戒律宗教です。

先に述べたように、民族の宗教的遺産である律法を守ることがユダヤ教の根幹であり、その律法は、『旧約聖書』の最初の五つの書物、すなわち「創世記」「出エジプト記」「レビ記」「民数記」「申命記」に基づいています。これらをまとめて「モーセ五書」とか「トーラー（律法）」と呼び、伝統的にモーセの作とされてきました。

ユダヤ人の社会では、宗教上の教えである律法が法律そのものでした。つまり、世俗の法と宗教の教え（戒律）が分離していないのです。トーラーに書いてあることは、ユダヤ教を信じる人にとっては法律と同じだということを意味します。宗教とは本来、こういうものです。警察や裁判所が何を言おうが、宗教的教えのほうが大事だというものです。

このような律法のあり方はキリスト教やイスラム教にも引き継がれました。キリスト教世界はその後、血で血を洗う経過を経て宗教と世俗の裁判所が分離していきます。この過程が近代化です。つまり、ここ数百年ほどを例外に、宗教と世俗は分離していないのです。

また、第四に、ユダヤ教は民族宗教です。ユダヤ教を信じない人はユダヤ人ではないという考えですから内輪の論理と言えるでしょう。しかしこれは危険な考えではありません。ユダヤ教を信じていなくても、ユダヤ人ではないというだけですので。

しかしこれが「〇〇教を信じないのは人間ではない」となれば話は別で、これは危険です。そうなってしまったのがキリスト教です。

イエスはユダヤ教の改革派でした。ですから、キリスト教はユダヤ教の改革派が作った宗教です。キリスト教はイエスが最初からキリスト教を掲げて作ったわけではなく、イエスの死後に徐々に成立していったものです。この事実をしっかりと押さえることが重要です。

◉ユダヤ人とイスラエル人の違い

ユダヤ教は聖書が唯一の聖典です。ユダヤ教のいう聖書とは、いわゆる『旧約聖書』のことです。ユダヤ教は『新約聖書』を聖書とは認めていません。聖書を旧約、新約という言葉でいうこと自体、キリスト教の用語の使い方です。ユダヤ教徒にとっては、われわれが『旧約聖書』と呼ぶほうが唯一の聖書です。

ユダヤ人の救済は天地開闢のときから、唯一の神であるヤハウェが預定しているという考え方です。

古い本だとヤハウェではなくエホバと書いてあるものもありますが、エホバは正しい読み方ではないことが今では明らかになっています。また、預定とは「神によってあらかじめ定められている」の意味で、スケジュール（予定）の意味ではありません。

危機に際しては預言者が現れるとされています。キリスト教にとっては預言者がイエスであったり、イスラム教では最後の預言者がムハンマドあったりするのも、このユダヤ教の考え方からきているのです。

キリスト教もイスラム教もじつはユダヤ教からきているということを知らなければ今の国際情勢などわかるわけがないのです。そうした背景を抜きに、いきなりキリスト教やイスラム教から始めてもわかりません。まずはユダヤ教から始めるというのが基本です。

また、重要なことなので強調しておきますが、ここで述べたユダヤ人は今のイスラエル国のイスラエル人とはまったく違います。

今のイスラエル国では、母親がユダヤ人の者あるいはユダヤ教に改宗を認められた者はイスラエル国民として国籍が与えられます。

この節で述べたユダヤ人は、共通の信仰をもつ部族連合に始まる民族ですが、理論上、イスラエル人には出自はどうあれユダヤ教に改宗すればなれるのですから、イスラエル人＝ユダヤ民族ではありません。

また、現在、世界各地にいるユダヤ人とイスラエル人も違います。

世界各国のユダヤ人のなかには、ユダヤの伝統文化にアイデンティティを置いていて、自己認識として自分はユダヤ人だと思っているけれども、宗教的にはユダヤ教徒ではないという人もいますし、ユダヤ人の母から生まれたけれども自分がユダヤ人だとは思っていない人もいます。また、現代のユダヤ教の宗派のなかには、「今のイスラエル国は救世主をもっていないからユダヤ人国家を名乗ること自体が冒瀆《ぼうとく》である」という立場のものもあります。

ユダヤ人とは何かという定義は極めて複雑な問題です。

第二節　「怖い人たち」アッシリア

アッシリアは初めてオリエントを統一した帝国です。そのため、「最初の世界帝国」とも言われます。軍事力が強く、周辺諸民族や諸国に恐れられた苛烈な国でした。

アッシリア人というのは今のイラク北部、チグリス川とその支流ザブ川のあいだにある、「アッシリアの三角地帯」と呼ばれるところが本拠で、セム系の民族です。紀元前二〇〇〇年頃には独立の勢力となっていたようで、アッシリアの商人がアナトリア方面と通商していたという記録があります。

アッシリアが軍事的に拡大しはじめたのは紀元前一九〇〇年頃、時の国王イルシュマ王がシュメールに侵入したのが最初です。このころはチグリス川沿いのアッシュールという都市がアッシリアの中心でした。アッシュールという都の名も国名のアッシリアも、アッシリア神話の最高神アッシュールの名前に由来しています。

紀元前一五世紀頃、メソポタミア北部を支配していた印欧語族系のミタンニ王国の属国のようになっていたこともありましたが、紀元前一四世紀中頃までには再興してニネヴェを首都とするようになりました。

そして紀元前一一世紀くらいになると活発に領土拡張し、紀元前八世紀から七世紀にかけて頂点を迎えます。最大版図を得たのはエジプトを属州化したアッシュール＝バニパル王（在位前六六八年～前六二七年頃）のときですが、この王が崩御するとわずか一五年後の紀元前六一二年に滅亡します。

◉戦闘の民、アッシリア

アッシリアは軍事力の強さと、敵軍や叛徒に対する残虐さで知られていました。

アッシリア軍の歩兵は弓や投石器をもち、貴族階級は騎兵として戦いました。アッシリアはメソポタミア文明の後継文明で、鉄製器や戦車（chariot《チャリオット》）を使っていました。戦車とはいっても、大砲がある戦車ではなく、馬に引かせて走らせる車輪がついているものです。工兵部隊をもち、攻城術も巧みでした。

歴代のアッシリア王は、敵の髑髏《されこうべ》の山を作ったとか、生きたまま串刺しにしたとか、皮を剝いだとか、壁に塗り込めたなどと自ら記録していますが、これらはけっして誇張ではなかったようです。小川英雄『〈ビジュアル版〉世界の歴史2　古代のオリエント』（講談社、一九九一年）は、センナケリブ王（前七〇四年〜前六八一年）が合戦したときのことについて、「アッシリア兵たちは、血の海のなかを泳ぐようにして動きまわった」「このくらいの虐殺は日常茶飯事」と評しています。

ユダヤ人にとって、ヘブライ王国時代も、イスラエル王国とユダ王国に分裂してからも、アッシリア人というのは「怖い人たち」で、アッシリアへの対処は国運のかかった大問題でした。

しかし、アッシリアにとってユダヤ人など、周辺諸部族や周辺国家との対立のほんの一つにすぎませんでした。周辺からの侵入や征服した地域での反乱が、大きいものだけでも数年おきにあちこちで起こり、それらをひたすら軍事力で叩き潰し続けました。

最大版図を獲得したアッシュール＝バニパルの趣味は、ライオン狩りでした。アッシュール＝バニパルが馬上からライオン目がけて弓を引き、今にも矢を放とうとする姿や矢に射貫かれたライオンが倒れるさまなど、臨場感あふれるライオン狩りの場面がレリーフに残されています。

また、アッシュール＝バニパルは、王の位にあった四〇年ほどのあいだに、エジプトの主要都市のメンフィスやテーベを攻略し、イラクにあったバビロニアを征服し、二回のエラム戦争でエラムと戦って征服し、そうやって周辺の大帝国を征服していきました。

ところが、このアッシュール＝バニパルの遠征回数は歴代王のなかでは極端に少ないのです。歴代のアッシリア王が治世の大半を軍営で過ごしたというのも頷けます。アッシリアとはどれほどの戦闘民族なのかと考えただけで、「怖い人たち」と思われていたのが納得できるというものです。

一方で、アッシュール＝バニパルは文化的にも大きなものを残しています。

ギルガメッシュ叙事詩が刻まれた粘土板
（大英博物館所蔵）

図書館です。たんに「大図書館」とも呼ばれる、ニネヴェ図書館です。アッシュール＝バニパルは教養人だったことでも知られる人で、さまざまな記録や文書の類いを収集し保管していました。古代メソポタミアの文学『ギルガメッシュ叙事詩』の版本などもありました。

ところで、『ギルガメッシュ叙事詩』の版本をはじめ、ニネヴェ図書館跡から発見された約三万一〇〇〇点の遺物のほとんどは、現在、大英図書館にあります。大英図書館もそうですが、英国の博物館などは盗品で成り立っていると言っても過言ではありません。

アッシュール＝バニパルのレリーフを所蔵する大英博物館などは、日本コーナー以外全部盗品です、と言ったら怒られるでしょうか。

でも、奪ったものを元の持ち主に返せなどと言っていたら、残るのは日本コーナー以外に何があるのか。日本コーナーに展示してあるものは一応買ったもののようですが、それを除けば、世界中を征服していきながら、過去の遺物を全部奪っていたのが大英帝国なのです。

◉四つの国に分かれた帝国

話を戻しましょう。

最初の世界帝国と言われたアッシリアはたしかに帝国でした。

帝国とは異民族を含み、複数の民族が存在する国家のことです。皇帝が治める国だから帝国というのではありません。帝国は異民族を含む多民族国家なので分裂する要素を最初から内包しています。

そんな帝国の定義に照らし合わせても、あるいは、帝国は最後分裂して終わるという法則からしてもアッシリアは帝国でした。

アッシュール＝バニパル治下のアッシリア帝国

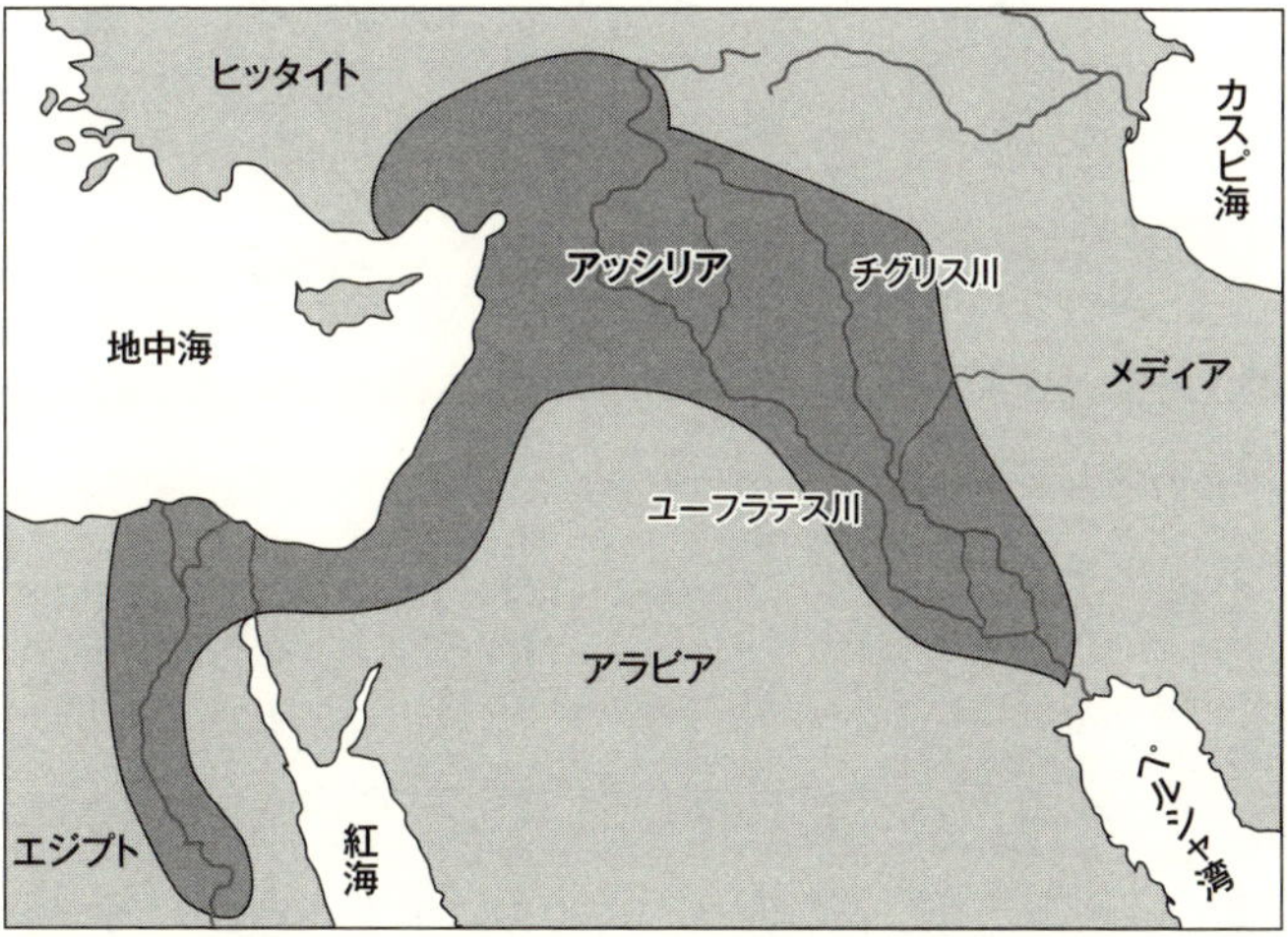

紀元前六一二年、メディア、スキタイ、新バビロニアの同盟軍がアッシリアの首都ニネヴェを攻略し、アッシリアを滅亡させます。これによってアッシリア帝国は新バビロニア（イラク）、メディア（イラン）、エジプト、リディア（小《しょう》アジア、今のトルコ）の四つの国に分かれました。

メソポタミアというのはこのように最古から さまざまな文明が発達し、軍事的に強い人々がいるところでした。ヨーロッパが国も何もなく、ほぼ裸体に近い姿の人々が部族同士争い合っているだけだったころ、ヘブライ王国では祭司がソロモンの神殿で儀式を行い、アッシリアでは国王が巨大な図書館を造っていました。オリエントこそが、人類の文明先進地域だったのです。

第三節　ヨーロッパが憧れたアケメネス朝ペルシャ

その先進地域オリエントのなかでも、人類の歴史にとって非常に重要な王朝がアケメネス朝ペルシャです。アレキサンダー大王によって滅ぼされたことは先に述べましたが、前節のアッシリアを凌ぐ版図を築いた大帝国でした。ペルシャ人というのは印欧語族のアーリア系の人々で、紀元前九世紀頃、北方からイラン高原に侵入して住み着くようになりました。

今のイランの地にできたのは紀元前七〇〇年頃に成立したメディア王国やアケメネス朝で、帝国となったあともササン朝、ウマイヤ朝、アッバース朝など歴代の王朝がありますが、このなかでもとくに大帝国だったのがアケメネス朝とササン朝です。また、サファヴィー朝は、都エスファハーンが「エスファハーンは世界の半分」と称されて繁栄を称えられています。

ハカーマニシュ（ギリシャ式にはアケメネス）を祖とするペルシャ王家は、最初、メディア王国の支配下にありました。紀元前六一二年にメディア・スキタイ・新バビロニア連合軍がアッシリアを滅ぼすと、メディア王国の勢力範囲はアナトリア中部まで西に広がり、リディア王国と国境を接するようになります。しばらくのあいだは、メディア、新バビロニア、リディア、エジプトの四国の対立が続きました。

メディアは三代目のキュアクサレス王のときにもっとも栄えましたが、次の王アステュアゲスは暴君でした。そのため、メディアの王女と結婚したペルシャ王家のキュロス二世はアステュアゲスへの怨恨で謀反を起こし、メディア王を倒して自分の王国を樹立します。紀元前五五〇年のことでした。このキュロス二世が一代でアッシリアの旧領の大部分を平定し、ペルシャ帝国の基礎を築きます。

◉道路網こそ巨大な帝国の動脈

即位したキュロス二世は精力的に遠征を開始しました。最初の標的が西のリディアです。リディアは世界で最初の鋳造貨幣を作った先進国でした。最初は金銀の合金貨幣が作られ、紀元前六世紀には純粋な金貨や銀貨も鋳造されています。東部地中海とアジアを結ぶ交通の要衝であり、道路網が発達していました。つまり富裕でインフラも整っていたのです。

キュロス二世は、メディアとペルシャの対立を傍観していて何も警戒していなかったリディアをあっという間に併呑すると、次は東のパルティア、バクトリア、ソグディアナなど印欧語族系の諸国を征服しました。紀元前五四〇年にはガンダーラにまで進出していま す。さらに紀元前五三八年、新バビロニアを滅ぼします。

このとき、バビロン捕囚のユダヤ人を解放して帰還させた話は第一節でしました。新バビロニアはアッシリアと同様に、征服した諸民族に対して強制移住政策をとっていましたが、キュロス二世はユダヤ人だけでなく、それら諸民族の帰還を認めています。

さて、これでアッシリア帝国滅亡後に対立していた四国のうち、残るライバルはエジプトだけになりました。

キュロス二世の子、カンビュセス二世が紀元前五二五年、エジプトに攻め込み、首都テーベを陥落させました。ところが、さらにヌビア（エジプト南部からスーダン北方にかけての地域）に侵攻している間にエジプトで反乱が起きたので、カンビュセス二世は急いでエジプトに戻り、激しい弾圧で臨みました。

その結果エジプトの民心を失い、本国の首都スサの宮廷でもクーデターが起きてしまいます。さらにはメディアやバビロンでも蜂起が続きました。カンビュセス二世は急遽帰国する途中で亡くなってしまいます。

このときの情勢について、カンビュセス二世の跡を継いだダレイオス一世は、「ほとんど全国の人々が反乱に与した」と碑文に記しています。

アケメネス朝の版図（紀元前500年頃）

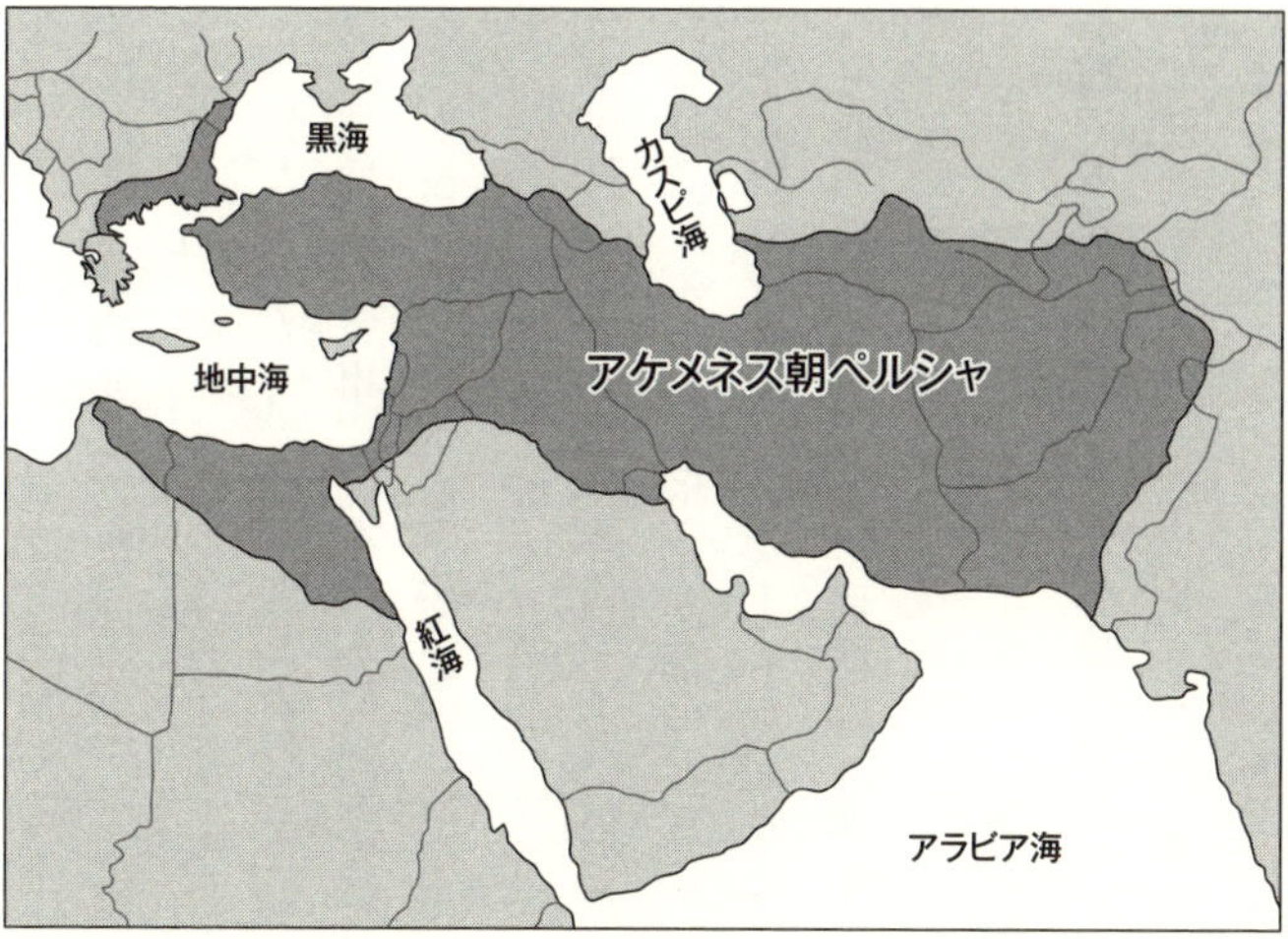

この危機を収拾してインダス川、マケドニアからエジプト南部に至る、アジア、ヨーロッパ、アフリカの三大大陸にまたがった世界帝国の基礎を築き、統治機構を整えたのがこのダレイオス一世です。

ダレイオス一世は帝国の領土を二〇余りのサトラピ（州）に分け、サトラプ（知事）を置きました。サトラプには地元の地方豪族の長を採用してその地方を統治させました。サトラプは中央に対して兵員の調達や税の徴収を行う責任をもち、治安維持も行いました。中央の政府は巡察使を派遣するだけでなく、「王の目」「王の耳」と呼ばれる調査官（というか、隠密）も使ってサトラプを監視しました。

巨大な帝国の動脈となるのは道路網です。

ダレイオス一世は「王の道」と呼ばれる軍事道路を整備していき、それを商業用にも使わせます。冬の都スサとサルデスやエフェソスを結び、のちには首都ペルセポリスにも及んで、全長二五〇〇キロに達しました。途中には宿場があり、早馬による伝令もありました。道路だけでなく、ナイル川と紅海を結ぶ運河も建設しています。このような交通インフラの整備が、軍事、商業とともに発展する結果に繋がっています。

はるか後の唐や日本も軍事道路を商業用にも使うということを真似します。日本が直接手本にしたのは唐でしたが、元はペルシャのアイデアだったのです。

日本が真似たのは奈良時代の平城京になってからのことです。平城京は大内裏から朱雀《すざく》大路《おおじ》と呼ばれる大きな道路が都のど真ん中を貫きます。平城京のものは幅が七四メートル、平安京では幅が八五メートル、長さ三・七キロメートルあったことがわかっています。ちなみに、朱雀大路は周防国《すおうのくに》（現在の山口県防府市）、太宰府《だざいふ》（福岡県太宰府市）にも繋がっていました。

◉宗教や風習に寛容だったペルシャ

先に述べたように、ペルシャの異民族統治の方法はアッシリアや新バビロニアとは違っていました。ペルシャの場合は征服したあと、支配する地域の人間に「全員、ペルシャ人になれ」とペルシャ人に同化することを迫ったのではありません。被征服民族に軍役貢納と引き換えに宗教と風習を容認していたのです。どういうことかというと、戦争のときに人を出して（軍役）、普段は税金を納めていれば（貢納）、それと引き換えに宗教も風習も自分たちの好きなようにして生きていていいということなのです。後世、ローマ帝国もこれをお手本にします。

宗教や風習に対して、こんなにも寛容だったということはやはり特筆すべきことです。のちの時代の宗教戦争を考えるとなおさらです。

さらに、金貨銀貨による徴税と交易を行っていました。リディアの先進的な金貨銀貨の鋳造と交易網が土台となり、ダリウス金貨を鋳造しています。

日本でいえば原始時代と言われるこの時代にこうしたこと、つまり貨幣経済ができるということは文明的な大帝国だった何よりの証拠です。

今挙げたことはペルシャ帝国が行ったことのほんの一例です。これだけでも統治の仕方の教科書のようなことばかりです。

ペルシャ帝国の真似をしたのはローマだけではありません。ヨーロッパ人が憧れて真似をし、チャイナにも伝わっていったのです。文明が東西に広がっていった格好ですが、今のイラン人が「世界の中心はわれわれである」と考えるのは、歴史的な根拠はあるわけです。

順風満帆のように見えたアケメネス朝ペルシャですが、第三代ダレイオス一世のときに、ギリシャ遠征し（ペルシャ戦争）、躓《つまず》きました。ペルシャ戦争の詳細は第一章に書いたとおりです。とはいえ、ダレイオス一世のあと暗君が続いたにもかかわらず、統治機構をこれだけしっかり固めていたおかげで、建国から数えて約二〇〇年のあいだ、帝国は生き延びました。

そして第二章で書いたとおり、ダレイオス三世のときにアレキサンダー大王に滅ぼされます。ダレイオス三世は若いころから軍功がありました。また、ダレイオス三世を王位に就けたのは彼の前の二代の王を次々と殺した宦官でしたが、この宦官を倒して政治の粛正を図っています。結構頑張ってはいたのですが、アレキサンダー大王では相手が悪すぎました。

◉今も変わらないヨーロッパに対する上から目線

オリエントの実態がこうしてわかってくると、ヨーロッパの歴史観も少しずつ見えてきます。

ヨーロッパのオリエントに対する歴史観は後の時代になっても変わりません。たとえば、オスマン帝国（一四世紀〜二〇世紀）の時代でも、オスマン帝国に対してはヨーロッパが束になってかかっても引き分けがやっとだという思いと、そのオスマン帝国の向こうにいる巨大な国がイラン（ペルシャ）だという認識です。近世ヨーロッパ人の目線で比較するなら、オスマン帝国は急に出てきた怖い奴ですが、ペルシャはずっと存在しているもっと怖い奴なのです。

今のヨーロッパ人のプライドはそんなイランにときどき勝っていたことを勝手に誤解して、あるいは故意に「最初から勝ちっぱなしだった」と思い込むことからきています。

イランからすれば神話でも伝説でもない、正真正銘の三〇〇〇年の歴史のなかで、ヨーロッパに対して自分たちのほうが圧倒的に勝ちっぱなしだったことがわかっていますから、そんなヨーロッパのプライドなどというものには頓着しません。それどころか、思いきり上から目線でヨーロッパを家臣扱いしています。「たかだか最近の数百年だけ勝っているからって威張るな」ということです。

イラン人は自分たちの国をアーリア人の国なのでイランと呼びます。イランとは「高貴なる者」という意味です。自称にもプライドが感じられます。

アメリカやヨーロッパ側からの情報だけ見ていると、イラン人、たとえば、大統領だったアフマディネジャドなどは頭がおかしい人に見えてしまうところがあります。中途半端にそうしたことをイラン研究者に言ったところ、「アフマディネジャドがバカだ、バカだって言いますけど、麻生太郎よりはマシですよ」と言われてしまいました。その人は日本のことが嫌いだとか麻生太郎が嫌いだとかというのではなくて、日本のことにも国際情勢にも詳しいだけなのです。

ついでに言うと、その会話をしたときの日本の総理大臣が麻生さんだっただけで他意はないので、悪しからず。

現代においても、日本では物事をいかに欧米の側からしか見ていないかということに気づかされた思いでした。

第四節　ヘレニズム文化の担い手は誰か——アレキサンダー死後の興亡

大帝国アケメネス朝ペルシャがアレキサンダー大王によって滅ぼされ、さらにアレキサンダー大王の死後、大王が築いた帝国が分裂したことは第二章で語ったとおりです。「最強の者が帝国を継承せよ」という遺言によって後継者戦争が起き、セレウコス朝シリア、プトレマイオス朝エジプト、アンティゴノス朝マケドニアの三つに分裂しました。

このうちで、もっとも先進地域にあって領土も一番大きかったのがセレウコス朝シリア

アレキサンダー大王の死後、3つの王国に分裂

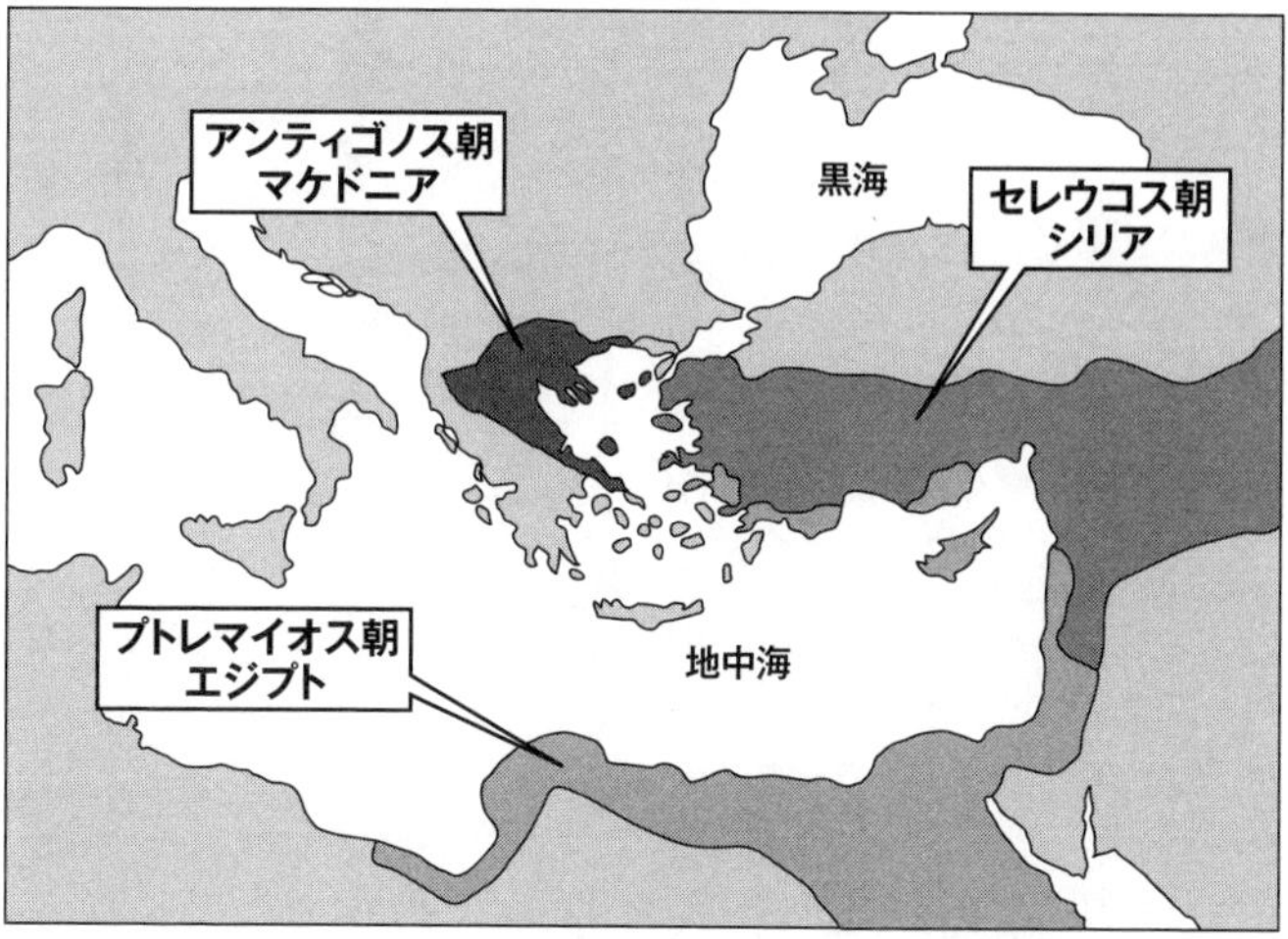

です。アケメネス朝ペルシャの領土の大半を占めています。アレキサンダー大王の部下、セレウコスというマケドニア王国出身の武将が建国したので、セレウコス朝シリアと呼ばれました。

マケドニア人のプトレマイオス一世が建国したのが、プトレマイオス朝です。しかしプトレマイオス一世はギリシャ式ではなくエジプトの王ファラオとして統治しました。元のエジプト色が代を重ねるほどに強くなっていきました。プトレマイオス朝最後のファラオがクレオパトラ（七世）です。こうしたことからもアレキサンダーの帝国など、「一代限りのうたかたの夢」だったとわかります。

そして、本国マケドニアにできたのがアンティゴノス朝です。

比べてみると、メソポタミアにできたセレウコス朝シリアが一番大きいだけでなく、もっとも先進的でもありました。そこから見ればギリシャなどは辺境のはずれです。ローマもすでに建国されていましたが、ギリシャのさらに先の辺境です。

◉聖徳太子に影響を与えたヘレニズム文化

それでもまだ地中海ヨーロッパはいいのですが、それ以外のヨーロッパ、とくに北のほうに歴史はあるのかと言いたいくらい何もないところです。シェークスピアの作品でいろいろな古王国や七王国というのが登場しますが、それは何年の話なのですかと思わず言ってしまいそうな、年代が特定できないものばかりです。

アレキサンダー大王がペルシャを通ってインドまで行ってしまったことから、東西文明が融合してできたのがヘレニズム文化だとよく言われます。しかしつぶさに見てみると、大王の落とし子と言われるのはチグリス川の河畔に首都を置くシリア周辺のことなのです。結局、メソポタミア文明と同じところということです。メソポタミアから見ればギリシャが一番辺境扱いされるのですが、それでもヨーロッパのなかではかろうじて東方と接することができた地域ということになります。

ヘレニズムと呼ばれるものはたしかに影響が多く、ギリシャのミロのヴィーナス、ガンダーラの仏像などが筆頭に挙げられます。ガンダーラはアレキサンダー大王が行ったインドの西北の果てのほうにあたります。そこをインドと言っていいかどうかはまた別問題ですが。

ヘレニズム文化は八〇〇年ぐらいかけて、紀元七世紀の日本の聖徳太子にまで影響を与えました。法隆寺の柱にその影響が見てとれます。柱の中程に膨らみをもつエンタシスと呼ばれるものでギリシャのパルテノン神殿と同じ様式のものであると指摘されます。

アレキサンダー大王は一代だけで、しかもただ通っただけです。しかし、文化的な影響は大きく、数百年かけて日本にまで及んでいるのです。

年表でセレウコス朝シリアの時代あたりを見てみると、チャイナ大陸は戦国時代で、第二章で見たとおり殺伐としたなかで「中国史のパターン」を繰り返している最中です。ユーラシア大陸でも征服したり征服されたりが絶え間なく起こっています。

しかし日本の欄は相変わらず「縄文文化」とだけ書かれ、少しするとそれが「弥生時代」と代わるだけです。一番東にある日本が一番平和だということが表現されています。さながら、東の果てにある桃源郷です。

日本はシルクロードの終着駅のように言われることがあります。ユーラシアから見れば日本は東の果てで、日本から東に行こうといっても海を渡ってハワイにしか行くところがないから、日本からはどこにも伝わるところがなく、日本人だということ自体にコンプレックスをもってしまう人がいます。よくわからない論理の展開ですが。

でもよく考えてみてください。ここまで見てきただけでもユーラシア大陸は殺し合いの歴史なのです。そんな歴史に巻き込まれることなく、平和に暮らしていたということがどれほどすばらしいことか。ユーラシアの馬鹿騒ぎに嫌気がさした人たちが今日本にいるのです。

◉ローマに飲み込まれた大王の落とし子

ヨーロッパ人の当時の正しい歴史観に立てば、東に行けば行くほど文明国だという認識です。だからこそ、ヨーロッパ人の誇る歴史とは、「東方に勝った栄光」なのです。

アレキサンダー大王の落とし子の三国は、ローマに飲み込まれていくことになります。真っ先にローマに負けたのがアンティゴノス朝マケドニアです。紀元前二一五年から紀元前一六七年のあいだに三度、マケドニア戦争を戦い、一度も勝てませんでした。紀元前一六八年のピュドナの戦いでボロ負けし、最終的にローマの属州になりました。

セレウコス朝シリアは最初、広大な領土をもっていましたが、まずインドやチャイナの西部との境にあるバクトリアが独立し、ほぼ同時期にパルティア人が独立し、紀元前一六七年にはユダヤ人が反乱を起こしてマカベア戦争を戦うというように、次第に勢力を縮小していきました。東から外患が襲い、内憂に苦しめられ、最後は西から来たローマに滅ぼされます。

紀元前六四年、ローマの将軍ポンペイウスによって征服されます。

プトレマイオス朝エジプトはクレオパトラのときにローマのアントニウスと組みましたが、アクティウムの海戦（前三一年）でローマのオクタビアヌスに敗れ、翌紀元前三〇年に滅亡したのは、前章での説明どおりです。

第五節　安息の国パルティア――シルクロードの国

パルティアはセレウコス朝シリアから生まれてのし上がり、西と東を繋ぐ大帝国になったイラン人の国です。

紀元前二四八年にアルサケス一世が建国しました。アルサケス一世のことを『史記』が「安息」と記したので、そこからパルティアのことを安息の国とも言います。パルティアが中国との接触をもっていたことの証《あかし》と言えます。

西にはローマ、東には漢があって、東西を結ぶ絹の道・シルクロードがあったことはよく知られています。しかしそれだけが東西を結ぶ道だったわけではありません。

シルクロードの北のほうには「草原の道」と呼ばれるところがあり、そこには騎馬民族がいました。草原の道のほうが、じつはギリシャ・ローマ、あるいは漢などよりも中心文明だったのではないかとする研究があります。しかしそんなことは、東洋史も西洋史も認めません。

東洋史というのは「中華帝国万歳」の歴史観で凝り固まった人たちが圧倒的に多く、漢文だけを史料として大学の教授になったような人たちが、チャイナが書いて残したものだけを東洋史と呼んでいるだけです。

◉東西交易の要所となったパルティア

西洋史のほうもイギリス史、フランス史、ドイツ史の人たちが〝連立政権〟を組んで、アメリカやロシアすらマイナー扱いしてしまう状況です。

日本ではそんな東洋史と西洋史がさらに〝野合〟したのが「世界史」とされています。そんな偏向も甚だしいものを「世界史」と思い込んでいるので、日本人の世界史観はいきなり歪んでしまうわけです。中国と、イギリス、フランス、ドイツのご先祖様のギリシャ・ローマとが最初から人類の中心地帯だったという錯覚に陥ります。チャイナやローマ

パルティアがセレウコス朝シリアから独立（紀元前248年）

は辺境の、それも端にしかすぎません。ユーラシア大陸の真ん中のほうが強いのです。

東西を結ぶ道は大きく分けて三つあります。

北のほうから草原の道、ど真ん中にシルクロード、そして南のほうには海の道があります。海の道はあるにはあっても事故率が高かったのです。この時代どころか、紀元八世紀ぐらいになっても海の道は生存率五〇％と考えて、遣隋使・遣唐使は四隻で行きます。行きに二隻、帰りに一隻が沈んでも四隻で行けばどれか一隻は帰ってくるだろうという考えです。

東西を行き来するときにはシルクロードがよく使われました。パルティアはシルクロードのちょうど真ん中あたりにあった国で、東西の交易の要所を押さえていました。

パルティアが建国されたころ（前二四八年）は西ではポエニ戦争があって、ローマが「ハンニバルをやっつけたぞ」と息巻いているようなときです。

そんなときも内陸のパルティアは豊かな時期が長く、第六代王ミトラダテス一世（在位前一七一年〜前一三八年）のころが最盛期です。ローマがオクタビアヌスの時代になり「エジプトを飲み込んだぞ」となるのは、その一〇〇年後ぐらいのことです。このことからしても、東方がまだまだ先進地域なのだということが明かです。

◉歪んだ歴史観をもつ日本人

このパルティアがやがてローマと対立するようになります。パルティアとローマとのあいだでちょうど盾の役割をしていたセレウコス朝をローマが倒したので、パルティアがローマと直接接触することになったのです。

ローマがカルタゴを殲滅し、エジプトを征服し、パルティアと対立するようになったことを、これで何かローマが一方的に東方を征服していったかのように書いてあるものが多いのですが、基本的に一進一退です。

ローマの英雄カエサルが生涯手に入れられなかったものの一つがパルティアに対する勝

利だったということや、カエサルと三頭政治を行ったクラッススはパルティアとの戦いで戦死したことを思い出せば、納得できるでしょう。ローマ帝国の絶頂期の五賢帝時代（第四章参照）でさえ、一進一退が続いていました。

パルティアとローマは約三〇〇年にもわたって、繰り返し戦ってきたのです。その結果、ローマがパルティアを滅ぼしたのかというと、そうではありません。パルティアを最終的に滅ぼしたのはササン朝ペルシャでした。

パルティアが本当は大帝国で、ローマ帝国と長きにわたり幾度も戦っているのに、日本ではあまり研究されていないようです。また、パルティアそのものやパルティアとローマの戦いに関して一般に読めるものも限られています。そのあたりの事情も日本人の歪んだ世界史観を反映しているかのようです。

ギリシャ・ローマが世界最強、世界最先進でずっと人類の中心を占めてきたなどという歴史観はまったく違います。オリエントと呼ばれた東のほうの人間はそんな歴史観を全然認めていません。しかし日本人はそうした歴史観を認めてしまっているのです。だから、中東の人と話がかみ合わないのです。

たしかに欧米は現代、ここ二〇〇年ぐらいは力があり、進んでいました。でもそれは人類の歴史三〇〇〇年のなかの、せいぜい二〇〇年、三〇〇年のことではないかという歴史観をなぜもたないのか。日本人よ、もっと誇りをもてと言いたい。どうしてギリシャ・ローマだのチャイナだの、そんな野蛮な人たちを先進文明だと崇《あが》めるのか。

近代史以前に、世界の捉え方の時点で、日本人は自虐的だなと思います。

第四章

ほんとうは怖いキリスト教の誕生

第一節　キリスト教の正体

前章で、古代ユーラシア大陸の真の先進地域がどこかを見てきました。ギリシャ・ローマ中心の西洋史と、中華思想が貫かれている東洋史が、いかに夜郎自大な記述なのか、おわかりいただけたと思います。

では、なぜ日本人はそんな西洋史と東洋史を「世界史」として信じているのか。それは、現在の世界を支配している人たちの描いた歴史だからです。ということは、その人たちの頭のなかはどうなっているか、彼らが教養・必須知識と思っていることを、ただ鵜呑みにするだけでなく、知っておくことも大事だと思われます。

本章は逆に、現代を生きていくうえで「これくらいは知っておかねばならないだろう」という、西洋と東洋のお話をします。前章で、「しょせんヨーロッパやチャイナなんて、世界の後進地域でしょう?」ということを知りました。それを踏まえたうえで、現代の世界の支配的な歴史観を見ていきましょう。

現代、もっとも影響力のある宗教にキリスト教を挙げて文句を言われることはないでしょう。米中露英仏が世界の大国だとすると、東洋の中国以外はすべてキリスト教の国です。

本節は、このキリスト教がどのようにして生まれたかを見ていきます。

◉誰にも注目されなかったイエスの誕生

紀元一世紀になるかならないかというころ、ローマ帝国のはずれのパレスチナという、ものすごくローカルなところでイエスという赤ん坊が生まれました。『新約聖書』によればイエスの両親は大工のヨセフとその妻のマリアで、天使によって処女懐胎を告げられ、人口調査のためにイェルサレムにほど近い都市、ベツレヘムに向かったときに馬小屋で出産したことになっています。そして東方から三人の博士が星の示すところに従ってイエスを拝みに来た、という話です。

どれもこれも歴史学の立場からは何とも言いようがありません。日本の『古事記』のことはたんなる神話だとか嘘だとか、神武天皇も欠史八代《けっしはちだい》も実在しなかったとか言う一方で、『新約聖書』に「嘘だ」と言ってはいけないみたいな、この扱いの差は何なのでしょう。

西暦というのはキリスト生誕から数えて何年という意味なので、イエスは紀元一年に生まれていなければおかしいのですが、イエスの生誕年については諸説あって、紀元前四年という説と紀元前六～七年という説が一応有力のようです。イエスの生誕年を紀元一年とするのは五二五年に算定されたもので、要するに計算が間違っていました。計算したのはデオニシウス・エクシグウスという六世紀の神学者で、数学は当時悪魔の学問とされた冬の時代でしたから、間違えるのも道理だったかもしれませんが。

生誕日について付け加えると、聖書にはイエスが生まれた夜に羊の番をしていた羊飼いが云々と書いてあるわけですから温かい季節だったのは明白です。ということは、一二月二五日はイエスが生まれた日でもなんでもありません。ローマ帝国で太陽神を拝んでいた祝日を、後にイエスの誕生を祝う日にしただけです。

紀元前四年説をとるにしろ、あるいは紀元前六～七年説をとるにしろ、イエスが生まれたのは帝政に移行したローマの初代皇帝アウグストゥスの晩年で、主に活躍したのは第二代皇帝ティベリウスの治世です。

第三章の第一節でも述べたように、イエスが始めた宗派はユダヤ教の改革派です。一説によると、イエス時代のパレスチナの住民は約二五〇万人で、うち一〇万人がイェルサレムに住んでいたといいます。

当時のユダヤ教の二大宗派はファリサイ派とサドカイ派で、ユダヤ人の歴史家フラウィウス・ヨセフスによるとファリサイ派の人数は正規メンバーで約六〇〇〇人、追従者を入

紀元1世紀頃の世界

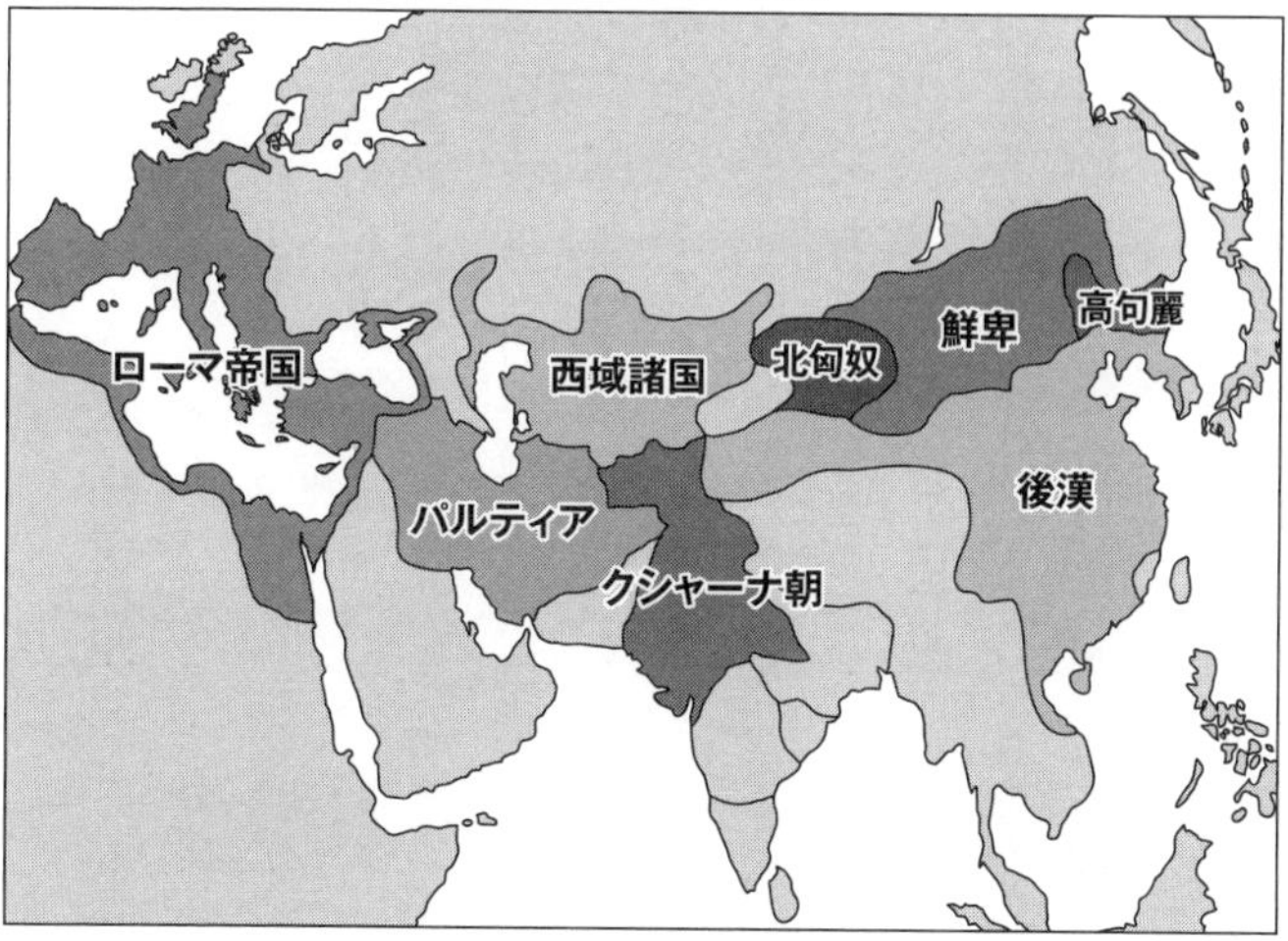

れると約二万五〇〇〇人です。二大宗派の一つでもこの程度ですから、イエスの宗派の規模は微々たるものだったでしょう。イエスの死後も数十年間はまだまだこんな感じですから、ましてて生まれたときなど、もちろんまったく誰にも注目されませんでした。しかし周知のように、数百年を経たのち、イエスの宗派から生まれたキリスト教がローマ帝国を支配し、その後ヨーロッパ全体を席巻していくことになるわけです。

イエスの生没年に関しては聖書以外に史料がなく、諸説あってはっきりしないものの、概ね紀元後三〇年代に亡くなったと考えられています。イエスが生きた紀元一世紀頃の世界を見てみましょう。

ユーラシア大陸の西に、ローマ帝国があり

ます。その版図はイタリア、フランス、イベリア半島、地中海アフリカの沿岸、小アジアの一部、ギリシャと地中海沿岸をぐるりと回るように広がっています。その東の隣にパルティア（安息国）があり、この国も結構広いです。インドはこのころはクシャーナ朝で、独自の世界があります。一番東に後漢があります。後漢の一部が北西のほうに細長く広がっているもののチベットまでは入り込めていません。チベットはどちらかというとインド文化圏です。チベットの歴史もやり出せばキリがないので、ここでは触れません。後漢の北のほうには匈奴《きょうど》や鮮卑《せんぴ》など騎馬民族がいて、相変わらず後漢をカツアゲしています。こうした全体像をまず頭に入れておきましょう。

翻って、イエスのいたパレスチナはどうだったかというと、第三章第四節で述べたセレウコス朝シリアの支配下で、紀元前一六七年、ユダヤ教禁止という弾圧が行われたため、ユダヤ人たちは反乱を起こしてシリアを叩き出し、ハスモン王家の下で独立を回復します。しかし、約一〇〇年後の紀元前六三年、ローマの将軍ポンペイウスによってローマの属領になりました。ユダヤ人は粘り強く抵抗したものの、内紛による混乱に乗じてヘロデ大王（在位前三七年～前四年）が実権を握ります。

◉王の死去でローマ帝国に支配される

ヘロデ大王は元老院からユダヤ王として承認され、ローマの初代皇帝・アウグストゥスの権威を利用して統治を行いました。猜疑心が強い一方で政治力に長けており、イェルサレム神殿の大改築も行っています。

ただ、ヘロデ大王はユダヤ民族ではなくイドマヤ人でした。イドマヤ人とは、ハスモン王家の時代に強制的にユダヤ教に改宗させられた人々なので、生え抜きのユダヤ人から見ると、外国人とは言わないまでも半分よそ者という感覚です。そのヘロデ大王が紀元前四年に亡くなると、パレスチナは大王の三人の息子、ヘロデ・アルケラオス、ヘロデ・フィリッポス、ヘロデ・アンティパスのあいだで三分割されます。三人とも、ヘロデ大王とは異なり、王を名乗ることは許されませんでした。

このうち、ヘロデ・アルケラオスは早くも紀元六年に追放され、その支配地はローマの直轄領となります。

イエス時代のパレスチナはローマ帝国の軛《くびき》のもとでユダヤ人がある程度の自治を保ちつつも、何かあればたちまち直轄領かあるいは属州として飲み込まれてしまう危機感を意識せざるを得ない時代でした。

半分外国人のような男がローマ帝国の権威を後ろ盾に王として大きな顔をしているだけでも耐え難いのに、その王が死んだ途端、国の三分の一が異教徒であるローマ帝国に直接支配されてしまった。われわれはこれからさらに亡国に向かうのではないか。何か口実があれば、ローマの直接支配がさらに拡大するのではないか。

その不安の一方で、ユダヤ民族の国ヘブライ王国の黄金時代を築いたダヴィデ王の後裔《こうえい》である「人の子」、つまり救世主が現れて悪の帝国ローマを駆逐する日を待ち望む救世主待望論が高まっていました。パレスチナではもちろん、ローマ帝国支配下にある他の諸国にも広がりつつありました。

そういう時代状況のなか、イエスは三〇歳くらいのとき洗礼者ヨハネによって洗礼を受け、悪魔の誘惑を退けて伝道を始めたことになっています。『新約聖書』の記述によれば、主にガリラヤ地方を巡っていたようです。活動していた時期はじつはかなり短く、ヨハネによる洗礼の約三年半後に磔刑《たっけい》になっています。ちなみに洗礼者ヨハネというのはイエスの親戚で、ヨルダン川の岸で人々に洗礼を授け、「回心せよ、神の国は近い」、つまり、悔い改めれば間もなく救世主がやってくる、と呼びかけていた伝道者です。

イエスの説教をいくつか、『新約聖書』から拾ってみましょう（新共同訳）。

「隣人を自分のように愛しなさい」

「みだらな思いで他人の妻を見る者はだれでも、すでに心のなかでその女を犯したのである」

「あなたたちのなかで罪を犯したことのない者が、まず、この女に石を投げなさい」

「わたしが来たのは地上に平和をもたらすためだ、と思ってはならない。平和ではなく、剣をもたらすために来たのだ」

これら四つのうち一つを除いて、じつはすべてが危険思想です。

◉世界宗教となったキリスト教の危険性

第一に、「隣人を自分のように愛しなさい」という教えそれ自体はイエスのオリジナルではなく、すでにユダヤ教でも教えられていたことだったのですが、問題はキリスト教が世界宗教になってしまったことです。それによって、この教えは大変危険な言葉になりました。

第三章でも述べたように、ユダヤ教は基本的に民族宗教です。唯一の神であるヤハウェが全世界を創造し、あらゆる動物と植物と人間を創造したとする『旧約聖書』の「創世記」は普遍宗教っぽい内容とも読み取れますが、「創世記」というのはかなり後になってから成立した書物ですし、ユダヤ教が本気で世界宗教を目指していたのかというと、そんなことは全然ありません。ユダヤ民族にとってヤハウェはあくまでも「アブラハムの神、イサクの神、ヤコブの神」、つまり、民族の代々の祖先が拝んできた神です。

ところがキリスト教は普遍宗教・世界宗教になってしまったので、ヤハウェはもはやユダヤという一民族の神ではなく、全人類の神になりました。すべての人類を創造したのはヤハウェであり、すべての人類を救うのもヤハウェであり、地上のすべての出来事、全人類の一人ひとりの心のなかもすべてお見通しという全能の神です。

ユダヤ民族の神を受け入れなくても「そういう人はユダヤ人ではない」で済みますが、全人類を創造し、救う神を受け入れないとしたら、「そんな人間の存在が許されるのか。そんな者はそもそも人間なのか」という話になります。

映画にもなったファンタジー『ナルニア国物語』を書いた英文学者のC・S・ルイスは『キリスト教の精髄』のなかで、現代人が魔女狩りをやらなくなったのは魔女の存在を信じなくなっただけであって道徳的原理が変わったわけではない、もし本当に魔女が存在するのなら血祭りに上げることが正しい、と述べています。この本は英国国教会、メソジスト、長老教会、カトリックの四つの教派の聖職者に中身をチェックしてもらったとルイスは述べていますから、これがキリスト教としての共通見解と言ってもおかしくないでしょう。

第二の「みだらな思いで他人の妻を見る者はだれでも、すでに心のなかでその女を犯したのである」は、「思い」「心のなか」というところが重要です。

態度に出したときは責任を取らなければいけないが、心のなかでは何を考えてもいいというのが近代思想です。

たとえば、デートの最中にデートの相手ではなく、他の異性のことがふと頭に浮かんだとしましょう。上の空の相手に「他の人のこと考えているんじゃないの」と個人同士では言うこともあるでしょうし、それは別にいいのです。問題はそこに国家権力が介入していかということなのです。「お前はデート中に他の異性のことを考えただろう。いや考えた」というように介入できるようになると魔女狩りになってしまいます。

実際、中世では、「お前、心のなかでイスラム教を信じているだろう」「心のなかで教会に従ってないだろう」と疑われた瞬間に火炙《ひあぶ》りになるというようなことが行われていたわけです。

第三の「あなたたちのなかで罪を犯したことのない者が、まず、この女に石を投げなさい」というイエスの言葉は、ユダヤ教の律法学者やファリサイ派の人々が姦通の現場で捉えられた女をイエスのところに連れてきて、「モーセの律法ではこういう女は石で打ち殺せと命じています。あなたはどう考えますか」と尋ねたときの返事です。姦通を行った男女はどちらも死刑に処すべきことが『旧約聖書』の「レビ記」に定められており、古代イスラエルでも、イエスがいた紀元一世紀でも、石打ちはユダヤ人社会で用いられていた死刑の方法の一つでした。

もしイエスがこの質問に「打ち殺すな」と答えれば律法を否定することになるので糾弾できるし、「打ち殺せ」と言えば、神の愛と許しを説くイエスの説教との矛盾をつくことができます。どちらの答えをしてもイエスを訴える口実が得られるので、そのための引っ掛け質問だったというのが聖書解釈の定説になっています。イエスがほとんど頓智のような返答で律法学者たちに切り返したという話です。

第四の「わたしが来たのは地上に平和をもたらすためだ、と思ってはならない。平和ではなく、剣をもたらすために来たのだ」の続きを読むと、もっとすごいことを言っています。引用してみましょう。

わたしが来たのは地上に平和をもたらすためだ、と思ってはならない。平和ではなく、剣をもたらすために来たのだ。わたしは敵対させるために来たからである。
人をその父に、
娘を母に、
嫁をしゅうとめに。
こうして、自分の家族の者が敵となる。

わたしよりも父や母を愛する者は、わたしにふさわしくない。わたしよりも息子や娘を愛する者も、わたしにふさわしくない。また、自分の十字架をになってわたしに従わない者は、わたしにふさわしくない。

（新共同訳『新約聖書』「マタイによる福音書」一〇章三四節〜三八節）

イエスの説話はほとんどすべてが慈愛に満ちた話として語られるのですが、ここだけは異様です。

◉あまりにもマイナーだったキリスト教

以上、三番目の〝頓智〟は別として、他はいずれも近代主義と真逆です。今のキリスト教は血みどろの紆余曲折を経て近代化と折り合いをつけていますが、元々のキリスト教はユダヤ教の改革派から過激化したもので、今のキリスト教とはかなり違います。

さて、イエスの下には一二使徒と呼ばれる中核集団が形成され、その下に七二人の弟子たち、さらにその下に善男善女の群れがいました。聖書はイエスがさまざまな奇跡を行ったと語っています。ただし故郷のナザレ村でだけは、奇跡を起こせなかったとも記しています。「説教壇で偉そうなこと言ってるけど、あいつは大工のヨセフの息子じゃねーか」

などとみんなに言われるようなところでは、そうそう奇跡を起こせるものではありません。

イエスの宗派とユダヤ教の二大宗派であるファリサイ派やサドカイ派との対立の様子が聖書にはいろいろ出てきますが、本格的に洒落にならなくなったのは、イエスが神殿で商売していたバザールを叩き壊したのと、救世主だと宣言したあたりからだという説があります。政治的反乱でも起こされたら、またローマによる弾圧と殺戮《さつりく》を招くのではないかと、ユダヤ教の長老たちが警戒したという説です。

ともあれ、ユダヤ教の長老たちがイエス逮捕を決定してローマの総督ピラトゥスに引き渡し、磔刑になったイエスは死んだけれども三日後に復活した、と聖書には書いてあります。

イエスの死後も、使徒たちはユダヤ教の律法を守り、神殿を礼拝していましたし、イエスはユダヤ民族の救済者であるということが暗黙の了解でした。イエスの宗派が普遍宗教であるキリスト教になっていくのは、イエスの死後に宗派に加わったパウロによるアンティオキア伝道以降のことです。イエスの教えをユダヤ教の一派にするのではなく、何が何でも普遍宗教にしようとパウロが書きまくって各地に送った手紙が『新約聖書』に収録され、その後のキリスト教神学の基礎になりました。伝道組織の基盤を作ったのはペテロですが、宗教思想としてのキリスト教を作ったのはパウロです。のち、ペテロはカトリック教会で勝手に初代ローマ教皇にされています。

イエスの死後一〇〇年ぐらいのあいだはローマ帝国の皇帝カリグラやネロをはじめとして、歴代皇帝がキリスト教を「なんかそういうマイナーな宗教があったなあ」というくらいの扱いで弾圧しています。映画や小説だとネロによる大量処刑がとくに有名ですが、なにもキリスト教を組織的に壊滅させようなどというものではありません。理由は簡単で、マイナーすぎて系統的に根絶する必要もなかったからです。大量処刑をしたのは、ネロが六四年に起きたローマ大火の犯人だとする噂が広がったため、キリスト教徒に罪を着せて疑いをそらしたかっただけでした。

キリスト教が出てきた経緯とその本質的な部分をざっと見ました。つまり、これがキリスト教の正体です。これくらいは知っておかないと世界の歴史はわからなくなってしまいます。

第二節　王莽の中国

本節の主人公は、イエスとほぼ同世代の人物です。

チャイナ大陸の漢帝国は一旦途切れ、それを挟んで前漢・後漢で四〇〇年続いたということでした（第二章第四節）。ここでは、その一旦途切れたところがどのようなものであったのかを見てみましょう。それは、「一旦」と呼ぶのにふさわしい短いあいだ、一五年間の出来事です。

一五年間の主人公は王莽《おうもう》という人です。王莽はチャイナ史上初めて帝位を簒奪《さんだつ》したと言われる人で、それも含めてじつにチャイナにふさわしい正気を捨てた人です。

そのころ（紀元一世紀初め）の世界の様子を押さえておきましょう。

キリスト教が出てきたころ（前節）の様子とあまり変わりません。西にローマ帝国があり、そのなかで発生したキリスト教はマイナーカルト宗教扱いをされていました。オリエントは相変わらずパルティア（安息国）の支配が続いていて、インドは独自の世界を保っていました。東にある漢は北方騎馬民族のみなさんにカツアゲされながらも生きていて、そこへ今回の王莽が登場して新という国を建てます。しかし、すぐに後漢になってしまいます。

注意を払っておきたいのが高句麗《こうくり》という国です。今の北朝鮮のあたりに高句麗があったということになっていますが、地図で確かめると高句麗は北朝鮮というよりもそのほとんどが満洲なのです。某半島の歴史は「他人の歴史もウチの歴史」というところがありま

王莽が新を建国

す。高句麗は満洲と北朝鮮にいる人たちのことだと押さえておきましょう。

◉儒教原理主義者・王莽の登場

さて、王莽です。「王莽の時代もいつもの中国史のパターンです。終了」と言いたいところですが、やや変則的なところもあるので、もう少し説明しておきます。

漢の国はパターンの第五段階の閨閥、宦官、官僚などの側近がやりたい放題で跳梁跋扈の状態でした。王莽その人がこのときの閨閥です。王莽は漢帝国皇帝の皇后王政君《おうせいくん》の一族で、のちに皇帝の外戚になって台頭していきます。それを背景に王莽はやりたい放題でした。第六段階の農民反乱の全国化、第七段階の地方軍閥の首都乱入を飛ばして、いきなり第一段階にいき、新王朝が成立します。このときの王朝の名が「新」です。もちろん、新しいという意味もあります。

新王朝ができるまでの王莽のやりたい放題の中身を見ると、これが正気を失っています。

王莽は儒教原理主義者で、儒教の教えを守るためなら息子二人を自殺に追い込むのも厭《いと》わないぐらいの原理主義者で、カルトです。

かと思うと、漢の幼い皇帝を毒殺してしまいます（紀元五年）。そのあとすぐ自分が帝位に就くのはいくらなんでも儒教の教えに反すると考えたのかどうかはわかりません。しかし、一旦次の皇帝を位に就けてから禅譲させるという手の込んだことをしています。禅譲とはいっても、帝位の簒奪です。王莽が帝位に就き、建国したのが新です（紀元八年）。

王莽が帝位に就くときのエピソードが残っています。

王莽が帝位に就くために、王政君（王莽のおば、漢第一一代成帝の生母）に国璽《こくじ》を寄越せと迫ったので、王政君は「誰のお陰で取り立ててもらったと思っているのか。お前の一族は皆殺しだ」とわめきながら国璽を投げつけました。最後は王政君のこの言葉どおりになってしまいました。ちなみに、このとき国璽の端が欠けたと言われています。

皇帝になってからもやりたい放題は続きます。パターン第二段階の功臣の粛清、第三段階の対外侵略戦争という名の人減らしは飛ばしてしまいました。すぐさま、第四段階の皇帝のやりたい放題に突入です。

このときのやりたい放題は漢字の改変ではなく、変えたのは名前の付け方でした。「中国人たるもの下の名前に二文字はダメだ、一文字にしろ」ということなのです。たとえば、諸葛亮《しょかつりょう》はＯＫだけど、諸葛孔明《しょかつこうめい》と付けるのはダメということです。もちろん諸葛孔明はのちの人物なので、この時代にはいませんけど。これを「二名の禁」と言います。

もっと驚くのは周辺諸国にも改名を要求していることです。一例を挙げると、高句麗に向かって「お前ら、下なんだから今日からは下句麗《げくり》って名前だ」というようなことをやっています。自分の国でやるのは勝手ですが、言われたほうは大迷惑です。

他にも、諜報人を医者に解剖させてみたり、やたらと悲哀な泣き方をする者を役人に取り立てたり、などなど。

新ができてから一〇年経つか経たないうちに、農民反乱が起こりました（紀元一七年、赤眉《せきび》の乱）。いきなりと言っていいぐらいの第六段階です。この農民の反乱は大規模なもので新の国が滅んでからも収まらず、紀元二七年に後漢の光武帝によって鎮圧されるまで続きました。赤眉の乱と言われるのは、乱に参加した者が眉を赤く染めたところからきています。

◉光武帝が漢を復興

王莽は「中国史のパターン」をあちこち飛ばしたり戻ったりして、とにかく無茶苦茶するのですが、それでもパターンのなかからは抜け出せません。

ハチャメチャなことをしているうちにすぐさま第七段階を迎え、王莽は漢王室末裔の劉秀《りゅうしゅう》（のちの光武帝）に殺され、新は滅亡します。あえない最期です。

紀元二五年に漢が復興し、劉秀が光武帝を名乗りました。のちに後漢と呼ばれるようになります。

そして、紀元三七年、光武帝はチャイナを統一します。彼らの言葉で言うと天下統一ということになるのでしょうか。

漢を復興してから統一するまでの一〇年間、何をやっていたのかというと動乱です。とにかく殺し合いが長いのです。それでも光武帝のころから、だいぶ大人しくなってはきます。

それにしても、中国史は例の「中国史のパターン」だけで整理ができて説明もできてしまいます。パターンに書いた七つのこと以外、何もやっていません。ときどき段階をワープするくらいのものです。

そのころの日本はどうだったかというと、五七年に後漢の光武帝から例の金印「漢委奴国王」をもらったとされます。だから何、だからどうした、なのですが。

九七年に後漢の使者がローマ帝国に接触したという記録があります。ユーラシア大陸のど真ん中の草原を通ってシリアあたりまで行ったとのことです。実際はパルティアで止まり、だから安息国と名前が付いたのではないかという見方もあります。いずれにせよ、オリエントあたりまで行って情報をもたらしたようです。

この時点で、点と点が繋がって線になり、やっと世界史が繋がりだします。

第三節　五賢帝のローマ

一世紀、西にはキリスト教ができたもののマイナーカルト宗教ですし、東はチャイナ大陸で相変わらずのパターンの繰り返しで殺し合いが続いていました。

この節からはイエスが生まれたあとの世界のことになるので、西暦をたんに数字だけで表すことにします。

続く二世紀の様子をまず概観しておきましょう。

西のほうにローマ帝国があって、その東、オリエントには大きなパルティア国（安息国）

2世紀の世界

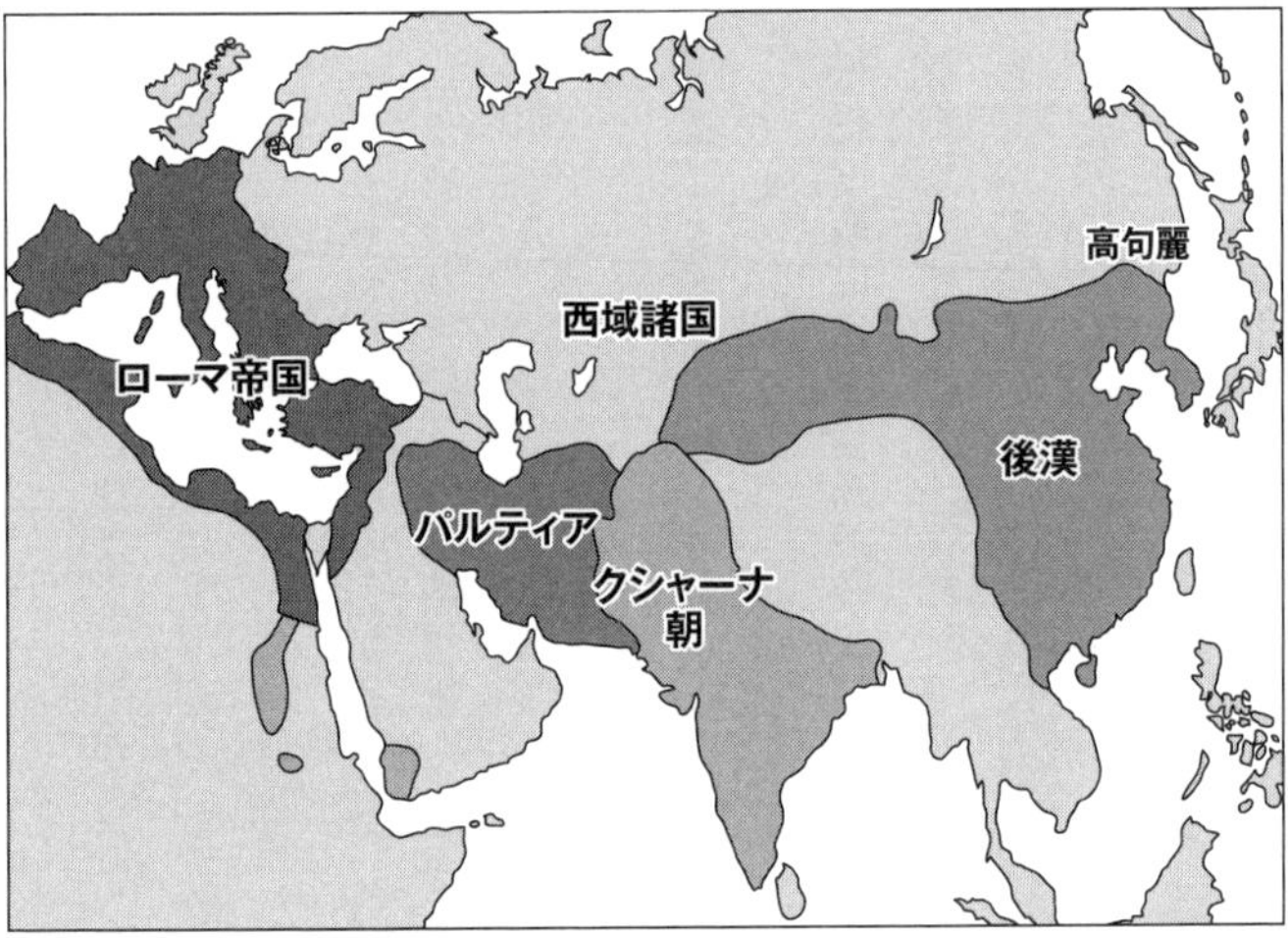

があります。ローマはパルティア相手に勝ったり負けたりを繰り返しています。さらにその東のインドはクシャーナ朝で独自の世界を保っています。北のほうでは鮮卑をはじめ、いろいろな騎馬民族がいて、ことのほか強いわけです。後漢も騎馬民族には勝てません。何度も遠征しますが、時々善戦したことをさも大勝利のように語るのは、オリエントに対するヨーロッパと同じです。

という状況があるのに、そうしたことは無視して、ローマと漢だけをやっていれば世界史はもうこれで終わり、というような話になっています。それがとんでもない大間違いです。ローマにも後漢にも強敵がいたのだということをしっかりと押さえないと騙されてしまいます。

◉キリスト教徒を徹底弾圧した暴君・ネロ

では、一世紀から二世紀の西のローマ帝国の様子をしっかりと押さえましょう。

カッパドキア（今のトルコ、アナトリア地方）がローマの属州になり（一七年）、ローマの版図も広がりを見せます。

イエスというマイナー宗教の教祖がいて、二八年頃に布教活動を始めたものの、三〇年頃には刑死しました。イエス自身はユダヤ教の改革派でした。ローマ帝国のなかでのキリスト教の扱いは、はっきり言って、マイナーエピソードです。

クラウディウスが皇帝になってから、ブリタニア（今のイングランド地域）へ遠征し、西にも版図を広げています（四一年）。

五四年、ネロが皇帝になりました。

ローマ皇帝のなかでも、とりわけ有名なのはネロという皇帝です。暴君といえばネロ、というように真っ先に名前が挙がるような人です。理由はキリスト教徒を徹底的に弾圧したとか、キリスト教徒をライオンに食わせて見世物にしたとか、そうした類いのものです。しかしこれなども、のちにキリスト教が天下を取ったから言われることであって、キリスト教史観だけでは理解できなくなることの一つです。

ネロは六四年のローマの大火のときも、出火の原因をキリスト教徒のせいにしたなどとも言われているようですが、陣頭指揮を執り、迅速な復興政策を実行しています。この火災の教訓を活かして、ローマン・コンクリートを普及させ火事に強い都市づくりを行っています。

その一方でドムス・アウレア（黄金劇場）と呼ばれる大宮殿を建て、これをよく思わない者もいたようです。おまけにそこでネロ自身が趣味の歌を披露し、これがとんでもない〝ジャイアンリサイタル〟だったそうで、観客が帰るからと扉を閉じた劇場でジャイアンならぬネロの下手な歌をたっぷりと聞かされた聴衆はうんざりだったとか。

ネロはもちろん、他にもいろいろと素行には問題がありましたが、結構実績もある人でした。ネロは当時の人にとっては普通の皇帝、むしろまともなほうの皇帝だと強調される論者もいます。

ネロはその後、物価が高騰したことで市民から反感を買い、元老院から国家の敵として認定され、追放され自殺しています（六八年）。ではネロがローマをダメにしたかというと、そんなことはありません。絶頂期はこれからです。

◉「ヨーロッパこそ世界」という偏狭な発想

ネロから数えて八人目の皇帝、ネルウァが皇帝になったとき（九六年）から、いわゆる「五賢帝」の時代が続きます。

五賢帝と呼ばれるのは、ネルウァ帝（在位九六年〜九八年）、トラヤヌス帝（在位九八年〜一一七年）、ハドリアヌス帝（在位一一七年〜一三八年）、アントニヌス・ピウス帝（在位一三八年〜一六一年）、マルクス・アウレリウス・アントニヌス帝（在位一六一年〜一八〇年）の五人です。

ローマが本当に東のほうに勝っていたのはこの五賢帝の時代ぐらいです。

五賢帝の時代を「人類がもっとも幸せだった時代」と言ったのはイギリスの歴史家であるギボン（一八世紀）です。しかし、この場合の人類というのはヨーロッパ人のことです。人類全体ではありません。とにかく、ヨーロッパ人はヨーロッパ、イコール世界と思っているところがあります。第一次世界大戦のことですが、実態は「ヨーロッパ大戦」のくせに「世界大戦」などと名乗ってしまうという具合です。ヨーロッパこそ世界という発想は、要するに他を知らない田舎者だという証拠です。

ネルウァ帝は五賢帝最初の人です。七〇歳を過ぎてから皇帝の座に就いたこともあり、他の皇帝に比べて少し影が薄い人です。おそらく老人だから繋ぎにちょうどいいとばかりに帝位に就けられたのでしょうが、ネルウァの前のドミティアヌス皇帝が治世の末期になって極端な暴政を敷いたのを、ネルウァ帝は在位二年のあいだにかなり頑張って元に戻しています。ドミティアヌスに追放された人々を呼び戻し、財政を立て直し、貧民への土地の分配も行っています。実子がいなかったので、血の繋がりのないトラヤヌスを養子にしました。

ネルウァを含めて五賢帝の四人目までは実子がなく、ネルウァのように養子相続をします。養子相続で皇帝を継承したことが、この時代がうまくいっていた理由の一つだとする見方もあります。

五賢帝二人目のトラヤヌス帝のときにアルメニアやパルティアなど今の中央アジアのほうに行き、ローマ帝国の版図が最大になっています。

しかし、三人目のハドリアヌス帝のときにはもうメソポタミアの征服を諦めて、安定路線をとると言えば聞こえの良い、引きこもり状態です。

ローマ帝国絶頂期の五賢帝時代からしてこうなのですから、本当にローマが東方に勝っているときはそれほどありません。あたかも最初から最後まで五賢帝時代のようなときが続いていたかのように、ヨーロッパが文明の中心だと言いますが大嘘です。

分不相応な膨張をしないので彼らの統治術としては賢明ではあるのですが、それと彼らが世界の中心だったかどうかは別の問題です。

◉完成するはずのないハドリアヌスの壁

さて、ハドリアヌス帝は帝国全土の巡察旅行を生涯で二度行っています。

「ハドリアヌスの壁」と呼ばれるものも造りました。

ハドリアヌス帝はイングランドのほうは押さえていても、北のスコットランドは押さえていませんでした。そこでイングランドとスコットランドのあいだに「ここから先は入ってくるな」とばかりに、万里の長城のような役割を果たす壁を造ります。これが「ハドリアヌスの壁」です。ところが、これが全然完成しません。なぜなら、西のほうから造っていって、東のほうに行こうとしたら石が足りません。そこでどうしたか。なんと、すでに造ってあるところからもってきては積み、積んではまた足りなくって、造ったところからもってきてとやるのです。石を積む場所を変えているだけなので、いつまでやっても永久に完成しません。

五賢帝の最後のアントニヌス帝のときにはパルティアから逆襲されています。五人目になるともうそんなものです。パルティアに加え、ブリタニア（イギリス）やゲルマニア（ドイツ）方面からも乱入され、ずいぶんと悩まされています。

ローマ帝国が大帝国だといっても、常に外敵から脅かされているというのが実情です。

こうしたなか、市民権も気前よくどんどん与えていってしまいました。かつて、ローマの市民権といえば、戦士の特権でした。ところが、このころになるとタガが緩み、政治家が大盤振る舞いで歓心を買う道具に堕してしまいました。市民権を得た人たちは、政治家の支持者になるのは理の当然です。

その結果、尚武の気風に溢れていた、ハンニバルに根性で耐えていたころのローマ人から、パンとサーカスが大好きな堕落したローマ人になっていきます。近親相姦がはやるなどと言われるくらい道徳的にもとんでもなく乱れていきます。

大帝国というのは滅びる原因が内部要因としてあり、外敵からの攻撃によって消滅するのではなく、自ら崩壊していくのがわかります。

ローマ帝国は絶頂期と言われた五賢帝時代からすでに衰退が始まっていたのです。

なお、末期の後漢はローマ帝国と交流があり、一六六年に五賢帝最後のアントニヌス帝の使者が来ています。『後漢書』に「大秦王安敦《たいしんおうあんとん》」と記されているのがアントニヌス帝のことだと考えられています。

そのころの日本は後漢に朝貢していたとされます。朝貢というのは貿易のことです。家来になったわけでもなんでもありませんので、お気をつけください。

第四節　後漢から三国志の時代へ

西のローマ帝国でも衰退の萌芽が現れたころ、東のチャイナ大陸でも漢が衰退していきます。例のパターンを繰り返しながら。

殺伐としたそのようなことの詳細に入る前に、このころのチャイニーズが人類に貢献した珍しい出来事について触れておきます。

チャイニーズというのは迷惑をかけるのが仕事みたいな人たちですが、貢献する人が出てくることもあります。

蔡倫《さいりん》はまさにそんな数少ない、人類に貢献した人です。

紙を発明したのです。蔡倫は古代に技術革命を起こした人です。

紙はいまだに人類最大の発明と言っていいでしょう。それまでの木簡《もっかん》や竹簡《ちっかん》に比べて、使いやすさ、扱いやすさなどの点ではるかに優れ、情報の伝達が容易になりました。紙の出現によってそれまでとはまったく違う世界に入ったのです。その劇的変化に比べれば、ＩＴ革命などはちっぽけなものです。

二〇世紀の終わりごろ、コンピュータが発達すれば紙を使わなくなる、いわゆるペーパーレス社会がくると言われていたことがあります。しかし、実際はペーパーレスどころか、ますます紙を使うようになり、紙の洪水、紙の雪崩です。電子化すればするほど紙が増えるのです。

ＩＴ革命でたしかにテクノロジーは進歩したでしょう。いくらテクノロジーが進歩しても、インテリジェンスはどれだけ上がったのやらと思うと、やれやれですけれども。

◉繰り返す「中国史のパターン」

三国志の時代に入っていきましょう。

日本人は中国史のなかでも、とりわけ三国志の時代が大好きなようです。いろいろと理由はあるのでしょうけれど、なぜなのかはよくわかりません。しかし、日本人が〝三国志〟だと思い込んでいるのは、じつは歴史書の『三国志』ではなく、歴史小説『三国志演義』なのです。『三国志演義』は題材を三国志の時代にとってはいますが、あくまでも小説です。それも大衆小説、通俗小説の類いです。ここにまた誤解が一つありました。

では、三国志の時代が本当はどのようなものだったのかを確かめることにしましょう。まずは大枠で押さえます。

二二〇年、後漢が「中国史のパターン」を繰り返した果てにバラバラに割れます。割れるといっても、このときはそれほどの数ではなく魏《ぎ》、呉《ご》、蜀《しょく》の三つです。この三つに収《しゅう》斂《れん》されるまでは、四部五裂ですが。

三つに割れてからも周辺諸国に乱入されたり、反対に迷惑をかけたりを繰り返します。結局は後漢も「中国史のパターン」を繰り返すばかりです。

後漢の末期からもう少し詳しく見ていくことにしましょう。

霊帝が即位したときは第五段階です（一六七年）。霊帝が宦官の跳梁跋扈を食い止めようとして返り討ちに遭います。烏《う》桓《がん》族や鮮《せん》卑《び》族などの周辺諸国に乱入されることもしょっちゅうです。

一八四年、農民反乱に宗教結社が絡んで黄巾《こうきん》の乱が起こりました。第六段階です。ちなみに、もっと後の明の時代になって、この黄色を「紅」に変えただけで「紅巾《こうきん》の乱」（一三五一年〜一三六六年）というまったく同じことをやっています。

黄巾の乱に中央軍では対処できず、地方軍閥を招集します。これをやってしまったら、もう赤信号が真っ赤に点滅です。

董卓《とうたく》という悪い奴の代名詞のような人物が漢王室を乗っ取ってしまいます（一八九年）。傀儡《かいらい》政権を立てたままではいいのですが、その董卓も部下の呂布《りょふ》に暗殺されました。

す。

◉魏・呉・蜀の三国時代

群雄割拠の時代に突入し、新しく王朝が成立するまでは熾烈《しれつ》な殺し合いが延々と続きます。

「治世の能臣《のうしん》、乱世の奸雄《かんゆう》」と呼ばれる曹操《そうそう》が黄巾の乱を鎮圧し、その後、北方騎馬民族の烏桓族、鮮卑族を打ち破り華北《かほく》に版図を広げていきます。このあたりは漢民族が北方騎馬民族に純粋に勝ったというよりも、混血していったり、拉致し合ったりというぐちゃぐちゃな状況になっているというほうが正確です。

曹操は超がつくほどの文化人であり、教養人でもありました。なかでも、詩が得意でした。チャイナの歴史上、曹操より詩が得意な政治家は毛沢東ぐらいではないかと言われるくらいです。

ちなみに、アメリカ人が三国志のなかで一番好きなのは曹操だそうです。

次に劉備《りゅうび》です。諸葛孔明《しょかつこうめい》の親分で、ヤクザ家業でしのぎを削っている人です。「義によって」と言いながら六人ぐらい主人を代えて、強い相手の下につくときは平気で土下座をするような輩です。

劉備は一時、曹操にも取り入ったことがありました。しかし、自分に目をかけてくれた

三国時代

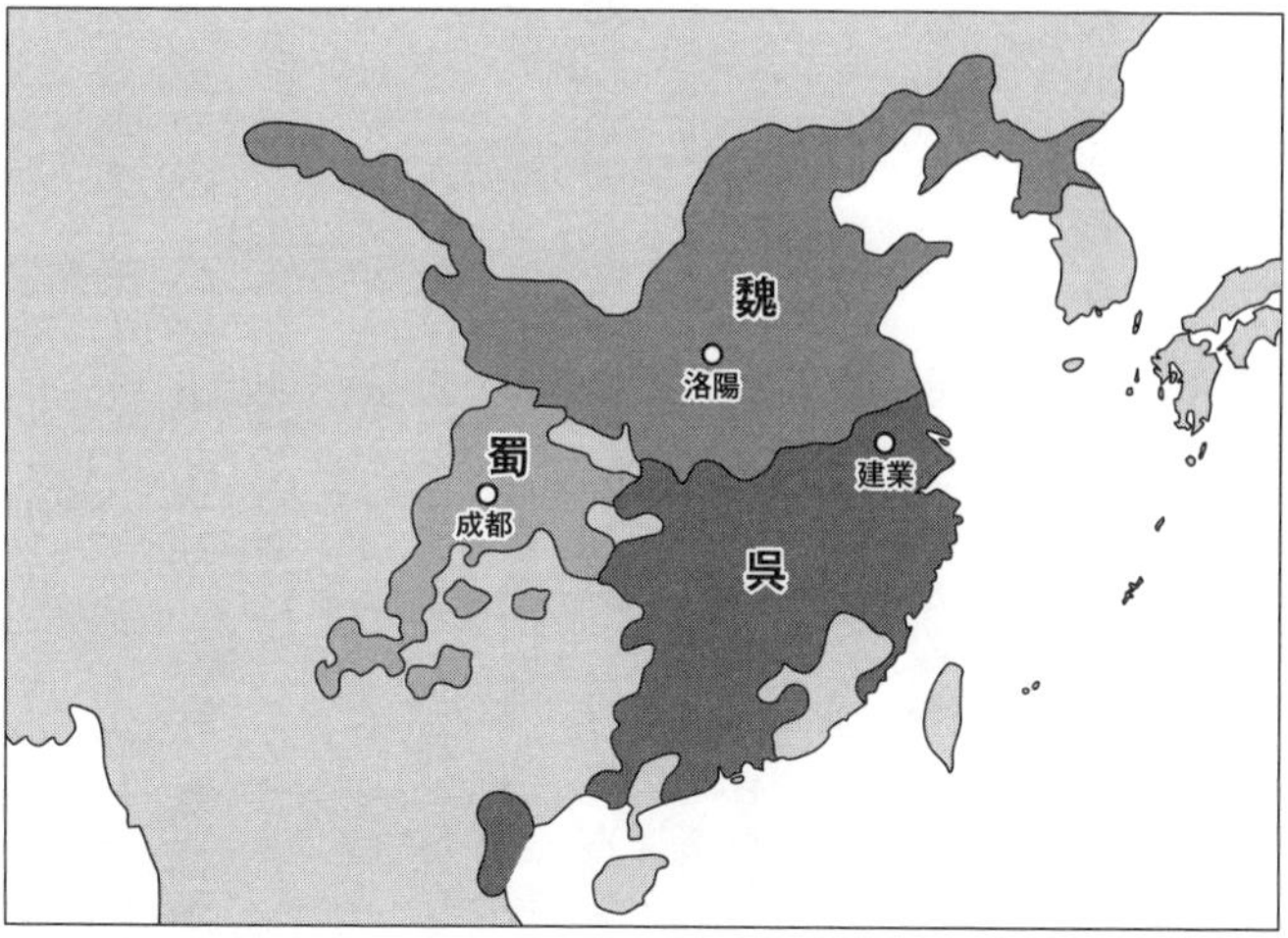

曹操を平気で裏切ったのです。日本語の三国志演義である三国志では、曹操が悪い奴なので劉備が耐えかねて離れていったというふうになっていますが、曹操主観で見るとたんに裏切られただけです。劉備は五〇ぐらいまで、まともに土地をもてないような流浪の人です。孔明という軍師（中身はインテリヤクザそのもの）を得て、劉備は四川省あたりに勢力を張ります。

その二人と並び称されるのが、孫権《そんけん》です。彼は江東一体の軍閥でした。

曹操が天下統一を目指して、西のほうの山賊・劉備と南のほうの海賊・孫権の連合軍に邪魔されボロ負けしました。これが二〇八年の赤壁《せきへき》の戦いです。曹操の一〇〇万の大軍が二八人になったと伝えられますが、さすがにそれは明らかな嘘というものです。そもそも、一〇〇万人をどうやって集めたのだと言いたくなります。しかし、とんでもない大敗を喫したのは間違いないようです。

赤壁の戦いの結果、曹操、劉備、孫権が鼎立《ていりつ》し、「天下三分《さんぶん》の計」の形勢になってしまいました。諸葛孔明が劉備に提言していたとおりのことです。

もっとも覇者に近かったであろう曹操が天下を統一できなかったので、戦乱が長期化します。これが漢民族にとっては悲劇となりました。東洋史家の岡田英弘《ひでひろ》先生によると、三国志の大混乱で人口の九割が消滅し、純粋漢民族は死滅しているそうです。

曹操が天下統一に失敗した一方で、息子の曹丕《そうひ》が禅譲と称して漢王室を滅ぼし、魏を建国します。これに対し孫権は呉を、劉備は蜀を建国します。魏・呉・蜀の三国時代です。ただし、劉備が名乗ったのは正式には漢で、前漢・後漢と区別するために蜀漢というわけです。仮に劉備かその子孫が三国を統一していたら、「漢」として名を残したでしょう。しかし、そうはならなかったので、「蜀」という名が今に伝わっているのです。

◉拉致が文化となった儒教世界

中華世界において、歴史を書くのは政治の最終的な勝者の特権なのです。

パターンの第一段階、新王朝が成立です。しかし、新王朝は成立したのですが、その前の段階の地方軍閥の乱入がまだ終わっていません。同時並行でやっているような始末です。新王朝成立後の次の段階にあたる功臣の粛清ができないというよりは、そこにまで至りません。至るはずがありません。

南の呉の孫権は抱えていた天才軍師・周瑜《しゅうゆ》の死をきっかけに、あまりまじめに北伐などは考えている様子がなく守りに入っています。そんな甲斐があってかなくてか、最終的に三国のなかで最後まで残るのは呉です。

劉備は蜀の地を侵略して、気がついたらチンピラから広域ヤクザに躍進していました。日本人が三国志のなかで一番好きなのはなんといっても諸葛孔明です。

諸葛孔明は過労死するまで働くようなすごい人で、魏への侵攻をひたすら繰り返します。そうして兵隊が足りなくなると、南蛮に七回くらい侵攻して徴兵してくるのです。徴兵とは拉致のことです。泥沼の殺し合いのなかで人がどんどん死んでいくので、周辺民族から拉致してきては戦いに投入するのですから、ひたすら殺し合いが続くことになります。

儒教世界は拉致が文化です。

このころも拉致が大流行《おおはやり》で、魏が北方騎馬民族を拉致すれば、蜀は南蛮のほうに行って拉致し、呉は海を渡って台湾にまで拉致しに行っています。どこもかしこも手当たり次第に拉致です。

戦時だけでなく、平時でもとにかく拉致してくる。だから文化なのです。このへんもしっかり押さえておきましょう。

なお、三国志のなかで中国人が一番好きな人物は関羽《かんう》だそうです。劉備・関羽・張飛《ちょうひ》は桃園結義《とうえんけつぎ》の義兄弟として知られます。黄巾の乱を討伐しようと立ち上がり、桃の樹を前に、「生まれる時は違っても、死ぬ時は同じだ」と誓い合った話は有名です。もっとも、実際は三人ともバラバラに死んでいますが。

受験で覚える三国志に関連する人名は、曹操、孫権、劉備、曹丕ぐらいなので、関羽はあまり馴染みがないかもしれません。ところが、今も横浜の中華街に関帝廟《かんていびょう》というのがあって、関羽はそこに神として祀られています。なぜ神になったかというと、約束を守る男だったからだそうです。それだけの理由で神様になれてしまうチャイナというのは恐ろしい国です。いかに生存競争が厳しい国か。

そのころ日本では三国志などとは比較にならない、子供の遊びのような動乱がありました。しかし、卑弥呼《ひみこ》という少女を邪馬台国の女王にしたところ混乱は収まりました。卑弥呼が本当にいたかどうかはよくわからないのですが。

中国の歴史書と言われる『魏志倭人伝』などは真面目に読まなくていいのです。だいたい、あの人たちチャイニーズは真面目に周辺諸国の歴史など記す気がないのです。明の時代になっても「薩摩の国に生まれた平秀吉《たいらのひでよし》」などといいかげんな記述なのですから。

史料がそれしかないからと、出鱈目の疑いが濃厚なのに、文字の行間を必死に読んだって何も見えてくるはずがない。漢文絶対主義の病、ここに極まれりです。

第五節　三国志の終焉

三国志の時代というのは後漢が滅んだあと、曹操がチャイナ大陸統一に失敗したので、魏、呉、蜀の三国が殺し合いを続け、例のパターンの第七段階の地方軍閥の中央侵入がひたすら続いている時代です。

そんな時代がどういう結末を迎えるのか。みんなの人気者、インテリヤクザの諸葛孔明を中心に見ていきましょう。

『三国志』そのものは無味乾燥な歴史書です。日本人がよく知っている三国志というのはじつは『三国志演義』という歴史小説だというのは前節でも書きました。一言で言えば大衆小説です。『三国志演義』が書かれた時代は、モンゴル帝国に蹂躙《じゅうりん》されたなか、久しぶりに漢民族が明を立てる気運が高まっているようなときです。

そういう背景のもと、孔明は漢民族の忠臣、王様に尽くしたのは偉いぞといったトーンで妖怪変化の超能力者にしてしまったSFアドベンチャーが『三国志演義』です。そんなSFを日本人は三国志と言っているのです。

◉涙、涙の「出師の表」

『三国志演義』は諸葛孔明の「出師の表《すいしひょう》」がクライマックスです。「出師の表」の前までは全部が、その話をするために書かれた前振りです。それは小説であれなんであれ、横山光輝の漫画『三国志』に至るまですべてがそうなのです。「出師の表」とは、諸葛孔明が魏を討ちに出陣するとき、そのときの主君である劉禅《りゅうぜん》（劉備の息子）に上奏したものです。「出師の表」はそれを読んだ者はすべての人間が涙する、売国奴でさえ涙してしまうほどの、国家への忠誠を著した名文だと言われています。

その涙する内容とは「三国の果てしなき殺し合いは続いていますが、なんとか私は持ち堪えています。今、『危急存亡の秋《ききゅうそんぼうのとき》』、中原《ちゅうげん》に逆賊を討ち、北伐を行いたいと思います。先帝劉備様に三顧の礼で迎えられました。厚恩に報いたいと思います」というものです。「危急存亡の秋」とは、このままいくとジリ貧で、もう魏を討たなければいけないと言っ

3世紀中頃の世界

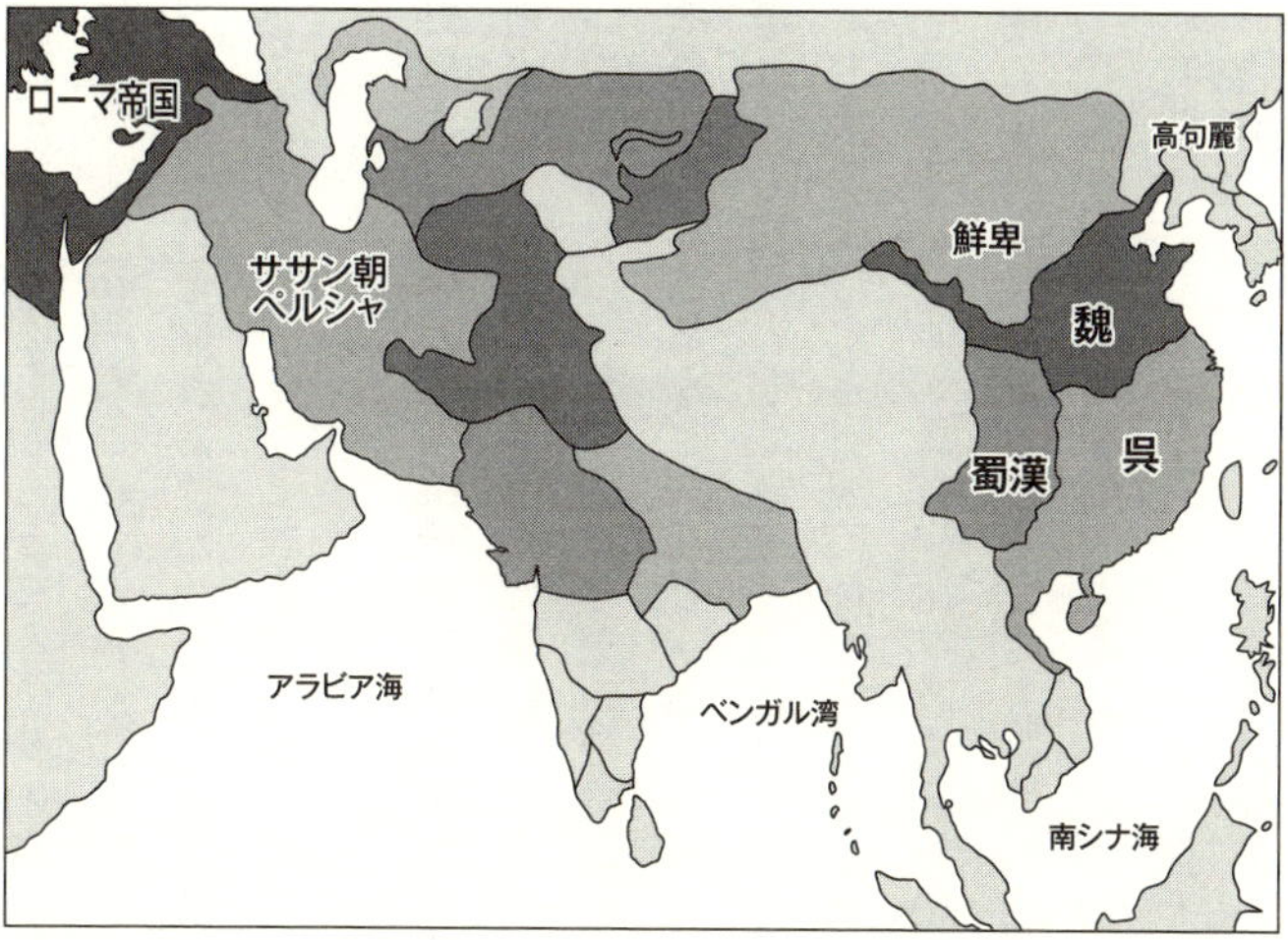

ているのです。「中原」というのは華北のほうで、魏・呉・蜀の三国のど真ん中の、ここを取れば天下をとることになるというようなところです。ちなみに、NHKの番組『人形劇三国志』（一九八二年〜一九八四年放送）で孔明の声を担当していたのが森本レオで、名調子でした。

しかし、諸葛孔明は「出師の表」で感動的に出撃したものの、馬謖《ばしょく》という子分が作戦を無視して、思い切り負けてしまう情けない戦いでした。「泣いて馬謖を斬る」という言い方もここから出たものです。

孔明は五回も北伐をやって、最後、五丈《ごじょう》原《げん》というところで倒れました。蜀の軍が撤退していきます。すかさず、敵（魏）の司馬《しば》仲達《ちゅうたつ》が「よし、孔明が死んだ。攻めかかれ」

と追撃を加えようとしたところ、蜀の軍が孔明の人形を出したのです。それを見て司馬仲達はすっかり孔明だと思い込み「孔明は生きていたのか。さては孔明が死んだと見せかけて、われわれを陥れる罠だったのだな。逃げろ」と退却しました。これが「死せる孔明、生ける仲達を走らす」と言われる話なのです。

◉外敵より内輪の権力闘争が大事なチャイナ世界

とまあ、おもしろい話だけ繋げましたが、全部大河ドラマです。漫画で横山光輝が言っていることとたいして変わらないので、あまり気にしないことです。ではチャイナの正史がそんなに真面目かというと、それも怪しいですが。

それでも史実として確定できる話の最大公約数をお話しすると、諸葛孔明はありとあらゆる方法でひたすら三国の統一を邪魔しまくった人です。

孔明のライバル司馬仲達は「狡兎《こうと》死して走狗《そうく》煮らる」という言葉を残しています。これはどういう意味かというと、「孔明という強大な敵がいなくなったら宮廷の権力闘争に負けて、俺が殺されるかもしれない。だから、司馬一族の権力が魏の国のなかで確立するまでは孔明に対してはひたすら防衛戦に徹しておこう」というものです。このあたりも真偽不明ですが、この言葉どおりに進展します。

二代目の司馬昭《しばしょう》という人が宿敵、蜀を滅ぼしました（二六三年）。三代目の孫、司馬炎《しばえん》のときには魏から帝位を簒奪し、新しい王朝・晋《しん》を起こします（二六五年）。その晋は豪族の内乱と匈奴によって滅ぼされてしまいます（三一六年）。晋の末路はまた別の項で書くことにしましょう。

中国というのはいついかなるときも、外敵よりも内輪の権力闘争が大事という人たちです。そして、とにかく宮廷の権力闘争で負けてはダメだというのが鉄則です。

そのころ日本は邪馬台国がありました。魏は高句麗とも対立していて、邪馬台国と仲良くしておいたほうが得なので、親魏倭王という称号と金印をくれたわけです。印鑑をもらうということは手下になることを意味します。現代でも、東京都知事在職中に中華文化圏の人たちから判子をもらうということをやらかした人がいました。国際政治学者のくせに何だったのでしょう。

第六節　ローマの落日

この節のタイトルはもちろん、オードリー・ヘップバーン主演の有名な映画『ローマの休日』を意識してつけたものです（ついでに桂文珍の落語に「老婆の休日」というのもあります)。

絶頂期と言われた五賢帝の時代からローマ帝国の衰退は始まっていたのだということを見ましたが(第四章第三節)、目に見えて衰えていく様子を捉えておきましょう。

三世紀に入ってからを一言で言うと、ローマ帝国は東方にササン朝ペルシャという強大な敵を抱えてしまったということです。東や北にどんどん強敵が現れてくる後の時代に比べれば、ササン朝ペルシャだけが東にいたというのは、まだマシなほうです。

五賢帝最後の皇帝、アントニヌス帝の跡を実子のコンモドゥスが継ぎました(在位一八〇年~一九二年)。この人は良い噂が、まったくと言っていいほど聞こえてこない人です。最後は暗殺されます。その死後の混乱を収めたのが三代あとのセプティミウス・セウェルス帝(在位一九三年~二一一年)です。アフリカ出身のフェニキア人です。フェニキアというのは、シリアあたりのことです。この皇帝から軍人皇帝の時代に入っていきます。

◉二年ごとに皇帝が出現する時代

軍人皇帝時代に入ると、近衛師団長が皇帝を殺して帝位を簒奪するようなやり方が出てきて、それを延々と繰り返します。五〇年のあいだに二六人の皇帝が出てくるような時代です。

ローマ帝国の最大版図（トラヤヌス帝の治世、117年頃）

これは「二年に一回、本能寺の変」をやっていると思ってください。そんなことをしていたら、帝国内が全然まとまらなくなるのは当然のことです。

このころ、ローマ法というのが整備され、万民法と呼ばれていきます。今の国際法の元をたどればここではないかというところです。ローマ法は現代でもヨーロッパに影響があり、日本にも伝わっています。

帝国が広がっていくのにともなって、ローマ市民権のバラ撒きをしてしまいます。ローマ市民権というのは、たとえば、ローマに従って税金を納めるならば宗教は自分のものを守っていいというような特権なのです。特権だからバラ撒くのです。ローマ市民権をもっていれば属州税が免除されるので、帝国側にはそれが入ってこなくなります。

最近、ローマのお風呂の話が漫画になったり映画になったりしています（『テルマエ・ロマエ』）。ローマ市民権をもっていれば浴場に立ち入ることも、コロッセウムで観劇することも権利として与えられていたそうです。

また、経済をコントロールしようと価格統制のようなことをやってみたりしています。こういうことは、だいたい権力者が失敗するパターンなのです。滅びのパターンに入っていきました。

ローマの東隣のパルティアという国が、カエサルが最後まで勝てなかった国です。そのパルティアを滅ぼして、出てきた国がササン朝ペルシャです。これもやはりイラン人の王国です。イラン人で強い人たちが出てきたわけです。

この一〇〇〇年後ぐらいに、ゲルマン民族の大侵入が始まります。イランといい、ゲルマンといい、とにかくローマは周辺民族に悩まされることになっていきます。

ササン朝ペルシャはパルティアを滅ぼしたくらいです。ローマに対しても結構強いのです。ササン朝ペルシャは勢い余ってインドのクシャーナ朝まで滅ぼしてしまいました。

中華帝国と西ヨーロッパが人類の文明の中心だという勝手な歴史観が二つあって、その二つを足したものを世界史と呼んでいますが、それはまったくの間違いです。ユーラシア大陸の両端ではなく、真ん中のほうが強いのです。インドも独自文明をもっていますが、オリエントはそれにすら勝ってしまいます。

二六〇年、ローマ皇帝ヴァレリアヌス帝はエデッサの戦いでササン朝ペルシャに敗れます。負けただけでなく、なんと捕虜にされてしまったのです。そして、捕らえられたまま敵地で生涯を終えました。この一件がローマ帝国に与えた精神的ダメージは非常に大きなものでした。

やはり東方には勝てないのか、と。

とはいうものの、ローマ帝国が滅びるのは、まだ二〇〇年先のことです。

◉文明の中心は〝東〟と考えるローマ人

ローマは西のほうから腐敗していきます。これがローマの悩みのタネであり続けることになります。

ローマ帝国が絶頂期で文明の中心と言える時期は一〇〇年か二〇〇年くらいのもので、下手をすれば一〇〇年もないぐらいの期間にしかすぎません。たしかに、目をみはるようなときもありました。でも、すぐに落ちぶれて、穢《けが》れていくのです。ローマが人類の文明の中心だと言うのを聞いて、ずっとそうだったと思うと騙されてしまうことになります。

ローマは腐敗して、堕落の象徴のような都市になってしまうのです。ギリシャ、ローマの人たちの根っこにあるのは、東のほうが文明の中心だという考えです。

ローマ人の東に行きたがる本能がここで発揮されることになります。

ディオクレチアヌス帝（在位二八四年〜三〇五年）という、ローマ帝国の安定を図ったとされる重要な皇帝がいます。

ディオクレチアヌス帝が首都を一旦、今のトルコ半島にあるニコメディアというところに移してしまいます（二八四年）。そこで、ササン朝ペルシャの宮廷儀礼を取り入れて、権力と権威が一致した皇帝が独裁的にやって、尊敬されるというやり方はやはりいいということになり、専制政治（ドミナートゥス）を行います。しかし、権威主義を真似しただけでうまくいくわけがありません。

また、ローマ帝国が広すぎてどうにもならないので、テトラルキアという四分割統治を行います。四分割というのはローマを東西に分け、それをさらに、それぞれの正帝と副帝が分割して統治するというやり方です。ディオクレチアヌス自身は東の正帝に就きました。

ここから、西を捨てて東に行きたいというのが形として出てくるのです。

ローマは人類の中心でもなんでもありません。そういう時期もあったけれど、それは束の間で、あっという間にダメになり、そして東に行きたいとなってしまったのです。

尚武の気風がどんどんすたれていく、これが大事なポイントです。

軍人皇帝時代になって「二年に一回の本能寺の変」で安定せず、市民にバラ撒きをし、尚武の気風に溢れていた市民軍の時代から傭兵制へと変貌し、外敵の脅威にもかかわらずパンとサーカスにうつつをぬかし安逸をむさぼる市民たちがいた、それがこの時期のローマ帝国です。

今のアメリカを見ているとローマ帝国を彷彿とさせます。

ローマ帝国はどう見ても今のイタリアよりはアメリカに近いです。しかし、アメリカが没落しているとは言ってもまだここまではいっていません。いかに今のアメリカが落ちぶれたといえども、せいぜい五賢帝の三人目か四人目くらいではないでしょうか。これが、アメリカがハワイからいなくなるとか、モンロー主義どころか、アメリカ大陸どころか、アメリカ合衆国から出たくないというくらいの引きこもりになってしまったら、この時期のローマ帝国のようになるという意味で参考になるかと思います。

ちなみに、ドナルド・トランプという人が出てきました。新しい大統領の頭のなかは、「偉大なローマを取り戻せ」という感覚であると見て、間違いないでしょう。

第五章

暗黒の世紀の始まりと東西の明暗

第一節　コンスタンチヌス帝とキリスト教の呪い

しょせんは世界の辺境の田舎者にすぎなかったヨーロッパ人の子孫がなぜ今、威張っているのでしょうか。理由はいろいろあるでしょう。そのなかでもやはりキリスト教との関係は見逃せません。

キリスト教にとっても、ローマ帝国にとっても大転換の時代がやってきます。それがコンスタンチヌス帝の時代（在位三〇六年～三三七年）です。

大転換の時代の主人公コンスタンチヌス帝はキリスト教徒目線からすれば〝われらがヒーロー〟なので、「後期ローマ帝国でもっとも重要な皇帝」と言われたりもします。

コンスタンチヌスが生まれる少し前から、大転換を迎えるローマ帝国の詳細に迫っていきましょう。

◉ローマ帝国の大転換

ディオクレチアヌス帝が四分割統治（テトラルキア）を行ったことは先に見たとおりです（第四章第五節）。あくまでも、広くなりすぎた帝国の統治を分担するために帝国内を東西に分け、それぞれに正帝と副帝をおいて担当する領域を決めたまでのことで、皇帝たちの共同統治でした。

ディオクレチアヌス帝が東の正帝だったとき、西の副帝はコンスタンチウス・クロルスという人でした。その西の副帝の子供として生まれたのが、コンスタンチヌスです（二七四年）。

ディオクレチアヌス帝（東の正帝）と共同統治帝であるマクシミアヌス帝（西の正帝）が同時に退位します（三〇五年）。その後、帝位をめぐる争いが生じるなか、コンスタンチヌスも西の副帝になり（三〇六年）、さらにライバルと戦って勝利し西の正帝になりました（三一二年）。

ローマ帝国にとっての大転換が起こったのはこのときです。

キリスト教が公認されたのです。

三一三年、西の正帝はコンスタンチヌス、東の正帝はリキニウスというときでした。ミラノでコンスタンチヌス帝とリキニウス帝のあいだで政策協定が行われます。そのなかで、とくにキリスト教問題に関する両者の合意内容が発表されました。

これが、キリスト教を公認したミラノ勅令です。

ローマ帝国の宗教に対する態度はかつてのアケメネス朝ペルシャに似ているところがあ

りました（第三章第三節）。すなわち、アケメネス朝ペルシャが被征服民に対して軍役貢納と引き換えに彼らの宗教や風習を認めていたように、ローマ帝国も他の宗教に対しても、他宗教の人々がローマ帝国の伝統的祭儀に参加している限りは寛容だったのです。

それが証拠にそのころのローマには、エジプトの女神イシスを崇拝するイシス教やペルシャ起源の太陽神ミトラ（ミトラスとも）を祀るミトラ教（ミトラス教とも）なども信仰したところで、何も妨げられることはありませんでした。これが公認されている状態です。

キリスト教が公認されたということは、他の宗教と同じ扱いを受けることを意味しました。すなわち、キリスト教を信仰しても迫害されないということです。

ローマ帝国とキリスト教の関係を振り返ってみると、歴代皇帝のキリスト教への対処はじつにさまざまなものがありました。一言で言うと迫害と寛容の繰り返しでした。

キリスト教が広がりだした当初はマイナー宗教と見なされていたこともあり、とくに迫害を受けることはありませんでした。しかし、その後、キリスト教がローマ帝国の祭儀を拒否するなどしたために危険視され、迫害されはじめます。一般民衆のあいだにあったキリスト教に対する誤解や偏見も大きく影響したことでしょう。たとえば、キリスト教のミサに対する誤解がありました。ミサとは信者にだけ許されたもので、礼拝中にキリストの血と肉とされる葡萄酒とパンが信者に分け与えられ、それを口にするという儀式です。それをキリスト教徒は人の血を飲み、人肉を食べていると思われていたのです。

◉着実に浸透しはじめたキリスト教

弾圧があったかと思うと、寛容もありました。

ガリエヌス帝（在位二五三年～二六八年）が寛容策をとります（二六〇年）。その後しばらくはキリスト教徒にとっては平穏な時期が続き、布教もおおいに進みました。しかし、そのころの寛容というのは公認とは少し違います。寛容するというのは積極的に迫害はしないけれど認めたわけではなく、いわば、見て見ぬ振りをするというものでした。

年月とともにキリスト教は着実に浸透し、高官などにも信者になる者が出てきました。教会も増え、なかには小さいながらも町全体でキリスト教になったところもあったほどです。

四分割統治を始めたディオクレチアヌス帝も帝位に就いた当初はキリスト教に対して寛容でした。ところが、晩年は激しい迫害に転じます。それはキリスト教徒にとって「最後の大迫害」というほどのものでした（三〇三年）。ありとあらゆるやり方で迫害が行われました。キリスト教徒の礼拝を禁じたり、教会を壊したり、官職からキリスト教徒を追放したりしました。また、ネロ帝のときと同じように、キリスト教徒が宮殿の火事を引き起こしたとして、疑いのある者を処刑しました。

ディオクレチアヌス帝のときも含めて、それまでにキリスト教徒が受けた迫害に関して膨大かつ詳細な記録が残されています。それに対してエドワード・ギボン（五賢帝の時代を「人類のもっとも幸せな時期だった」と言ったイギリスの歴史家。第四章第三節）が『ローマ帝国衰亡史』（一七七六年〜一七八八年刊行）のなかで、「かりにもしそれらの記事をすべて鵜呑みにし、そのまま直ちに認めるとしても、なお次の事実だけは、いやでも承認せざるをえないはず。すなわち、キリスト教徒がその長い教会内抗争の間にあって、相互に加え合った残虐行為は、なんと彼等が異教徒たちの狂信から受けたそれよりも、はるかに甚だしかったということである」（中野好夫訳、ちくま学芸文庫）と記しているのは興味深いことです。

ミラノ勅令によって、それまで迫害されていたキリスト教がローマ帝国公認の宗教のなかに正式に加えられました。キリスト教ができてから約三〇〇年に及ぶ弾圧や迫害の末のことでした。

キリスト教を公認するに至ったコンスタンチヌス帝に何が起こったのかは謎です。

コンスタンチヌス帝の個人的な背景として、母がキリスト教徒であり、父のコンスタンチウス・クロルス帝もキリスト教には寛容だったということも遠因の一つかもしれません。しかし、それがすべてではないでしょう。

コンスタンチヌス帝の回心を説明しようとするエピソードがいくつかあります。ある話ではコンスタンチヌス帝が戦場の空に十字架がかかるのを見て「よし、キリスト教だ」と言ったことになっています。また別の話では、あるときの戦いで空にかかった十字架を見て、これを軍旗に掲げて臨んだところ、その戦いに勝ったから回心したというふうにも伝えられています。

コンスタンチヌス帝自身にキリスト教公認を大義名分にするだけの何かがきっとあったのでしょう。しかし、キリスト教公認に至った理由については、コンスタンチヌス帝本人を含めて誰も合理的説明をしていません。

合理的説明がないのは、なにもこのときだけのことではないのです。この後（三九二年）、テオドシウス帝がキリスト教をローマ帝国の国教にしたことについても、なぜそうなったのか今まで誰も説明していないのです。

◉コンスタンチヌス帝の専制政治

さて、キリスト教問題では東西の正帝、コンスタンチヌス帝とリキニウス帝は一致した見解を一応出したものの、次第に対立が激しくなっていきました。リキニウス帝のほうが先にコンスタンチヌス帝を倒す陰謀を図ったとも見られています。

ついに、コンスタンチヌス帝がリキニウス帝と戦います（三二四年）。リキニウス帝がミラノ勅令を出したにもかかわらず、再びキリスト教の弾圧を行っていたこともあり、この戦いは宗教戦争の性格を帯びていたとの指摘もありますが、どうでしょうか。

コンスタンチヌス帝が戦いに勝利しました。その結果、四分割統治されていたローマ帝国がコンスタンチヌス帝によって再統一され、帝国内の混乱は収拾されました。全国を統一したコンスタンチヌス帝はディオクレチアヌス帝が始めた専制政治を踏襲し、強固なものにしていきます。

キリスト教を公認したらしたで、また新たな問題が出てきました。宗教問題には終わりがありません。

キリスト教はその広がりとともに、教義に関する激しい論争が行われるようになっていました。とくにアタナシウス派とアリウス派の対立は熾烈なものでした。

アタナシウス派というのはエジプトのアレクサンドリアの司教・アタナシウスが説いたことを教義とするグループです。

アタナシウス派は、イエスはヨセフの子ではなく、処女マリアから生まれた神であると考え、その教義は「神と聖霊とキリストは三位一体だ」とするものです。三位一体説と言

ニケーア公会議(メテオラ・大メテオロン修道院蔵)

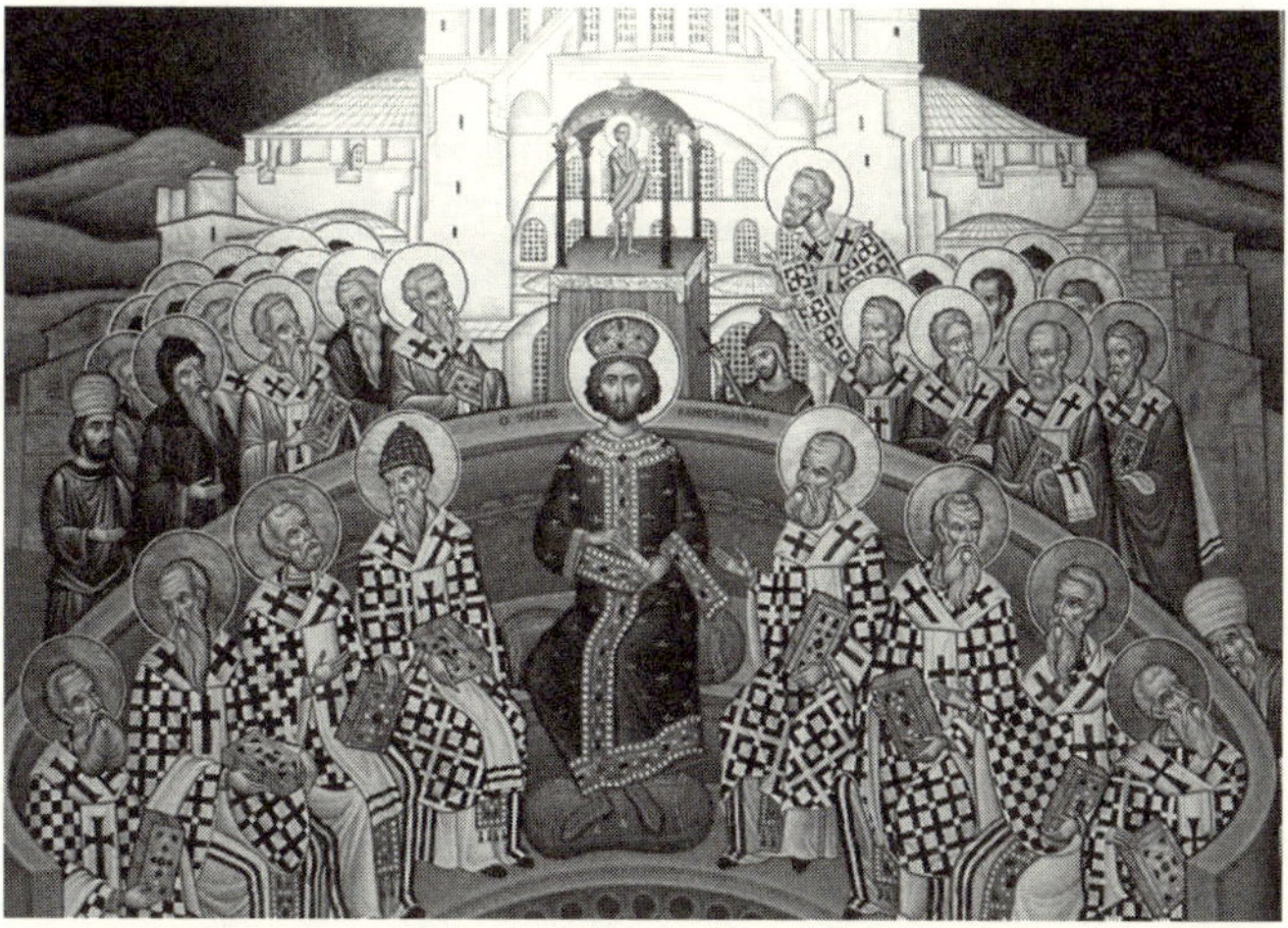

われます。しかし、神やキリストと一体とされる聖霊というのは何のことなのか。聖書のどこをどう読んでも、なんだかよくわかりません。イスラム教徒などは聖霊というのはマリアのことだと勘違いしているくらいです。

一方のアリウス派はアレクサンドリアの教会の長老・アリウスが説いた教義で、父である神と子であるイエスは一体のものではないとして、「三位一体」を否定し、イエスは神ではなく、やはり人間であると考えるグループです。

コンスタンチヌス帝は自らそうした論争に終止符を打つべく全国の教会の代表を一堂に集めます。何をキリスト教の正統の教義とするのかを決める最高会議が小《しょう》アジアのニケーアで行われました。これがニケーア公会議です（三二五年）。

会議の結果、三位一体を唱えたアタナシウス派が正統とされ、三位一体を否定したアリウス派は異端とされました。しかし、会議の結果がなぜそうなったのかも、まったくもってよくわかっていません。

この公会議のあとも、世界史のなかにナントカ公会議というのが何回も出てきます。ローマ＝カトリック教会が公認している公会議は二一回を数えているそうです。その全部とは言わないまでも、ほとんどの公会議では、このニケーア会議のように無茶苦茶なことを言った輩、いわゆる声が大きい輩が往々にして勝っています。

◉コンスタンチヌスの都市を建設する

ローマ帝国がキリスト教を公認して何が起きたのか。簡単に言うと堕落です。

ローマ帝国は上下水道が完備されるなど、科学技術が発達していました。ところが、キリスト教ではすべての教えは聖書にあるとし、知識や技術をどんどん軽視していくようになりました。その結果、下水がダメになり、どんどん不潔になっていきました。町が汚れて環境が悪化すると、人心も荒廃していきます。

第四章第三節でも述べたように、以前から、領土獲得による富の流入や市民権の拡大に伴う人気取り政策で享楽的な傾向が強まっていました。人々の暮らしも毎回宴会を開いて、寝そべりながら食べては吐き、吐いては食うことを繰り返すような怠惰で退廃的なものになっていきました。

人々はパンとサーカス、つまり食べることと見世物にしか興味を示さなくなり、そのサーカスなどは人間とライオンの決闘や、格闘技を本当に死ぬまで行うなど常軌を逸したものになっていきます。

どうでもいいことなのですが、プロレスの技でブレーンバスター（脳天砕き）という、相手がしっかり合わせてくれないと絶対にかからない技があります。その技とそっくり同じやり方で、相手を真っ逆さまに抱え、頭から落とそうとする絵がローマの壁画に描かれているそうです。格闘技に詳しい人から聞いたので、とくに実物を確認はしていませんので悪しからず。

コンスタンチヌス帝は、ローマ帝国を再統一してからは東にいることのほうが多くなりました。

東のササン朝ペルシャの動きを監視するためという実利的なことだけが理由ではなかったようです。

コンスタンチヌス帝は自分の功績にふさわしい都を東に新しくつくろうと考えました。

そこで目をつけたのがビザンチオンです。ビザンチオンはかつてギリシャ人が植民都市としていたビザンチウムです。ビザンチオンは三方を海に囲まれ半島のようになっています。西側に伸びていく陸地はやや狭まっているので、西側（ヨーロッパ側）からの攻撃に対しては防衛がしやすい地形です。また、黒海とマルマラ海を繋ぐボスポラス海峡に面し、マルマラ海からはダーダネルス海峡を通ってエーゲ海、地中海に繋がる、交易路としても重要な位置にあります。

ビザンチオンに新しく都市を建設し、自分の名前からコンスタンチノープルと命名しました。ラテン語ではコンスタンチノポリスといい、「コンスタンチヌスの都市」という意味です。

コンスタンチヌス帝は、ローマからコンスタンチノープルに遷都します（三三〇年）。

◉統一の象徴が分裂の始まり

ところで、なぜコンスタンチノープルが新しい首都に選ばれたかの理由について、コンスタンチヌス帝は「神意に従って」やったことだと自ら法令の一つに書いて残しています。その神意がどのように伝えられたかの詳細までは記されていません。

コンスタンチヌス帝によって再統一されたかに見えるローマ帝国ですが、じつは東に都を移したこの時点が、のちにローマ帝国が東西分裂する端緒なのです。統一の象徴が分裂の始まりであるというわけです。それはまたあとで触れることにします。

コンスタンチヌス帝は死の床で洗礼を受け、洗礼の直後に崩御しました（三三七年）。

コンスタンチヌス帝は最初のキリスト教皇帝だと言われます。それは否定しません。しかし、実際にキリスト教徒になったのは死ぬ間際だったのです。

コンスタンチヌス帝の死後、ローマ帝国を取り巻く状況が緊迫していきます。

ササン朝ペルシャがコンスタンチヌス帝の死の前後に攻め込んできています

中央アジアでは騎馬民族のフン族が大暴れします。フン族は民族系統などよくわかっていないことが多いものの、トルコ系やモンゴル系を中心に種々の民族にまたがっていると考えられています。フン族は二世紀頃にはバイカル湖あたりから西に移動を始め、移動先のゲルマン人を追い出します。追い出されたゲルマン人たちがローマ帝国の領土内に乱入してきました。これがゲルマン民族の大移動です（三七五年）。

ゲルマン民族の大移動のおおもとの原因はフン族だったのです。

フン族はのちのアッティラ王のときに全盛期を迎え（五世紀前半）、パンノニア（今のハンガリー）を中心に帝国を築きますが、アッティラ王が死去すると（四五三年）急に衰え滅亡してしまいます。

ところで、ゲルマン民族の大移動と呼ばれる現象が、ヨーロッパのなかでも立場が違えば言い方が違います。移動していった側の子孫が多いドイツでは「大移動」と呼び、移動されてきた側の子孫が大半のフランスでは「大侵入」と呼んでいます。ここでは「大移動」と表現しますが、他意はありません。

異民族が押し寄せてくる危機がそこまで迫っているとき、肝心のローマ帝国自身はのんびりとしたものです。また公会議を開いて、三位一体説を確認しているだけです。テオドシウス帝によって開かれたコンスタンチノープル公会議です（三八一年）。

そうこうしているうちに、とうとうササン朝ペルシャにアルメニアをとられてしまいました。アルメニアはローマ帝国にとっても戦略的な要所なのに守りきれませんでした。ちなみに、アルメニアは世界で一番初めにキリスト教を国教とした（三〇一年）地域です。

ローマ帝国は外敵に攻められた分、内では引き締めようとして独裁が進みます。徹底的に押さえつけることで、結束を強めて外敵に向かおうとしたのでしょうが、その押さえつけ方がだんだんカルト宗教的になっていきます。テオドシウス帝がローマ帝国の伝統的宗教に敵対しだします。伝統的宗教の祭儀に関わることを一切禁じたのです（三九一年）。

◉国教となったキリスト教の恐怖

そしてついに、三九二年にテオドシウス帝がキリスト教をローマ帝国の国教にしてしまいました。アタナシウス派キリスト教以外の宗教を禁止したのです。

これまでのローマ帝国は多民族を併合しても彼らの宗教や風習を侵さず、どちらかというと庇《かば》うようにしていたのが、ここへ来て「お前ら皆、キリスト教になれ」と強制するようになってしまったのです。

それを象徴する出来事がオリンピックの禁止です。

ギリシャを征服してもオリンピックは行われていました。しかし、ここへきてオリンピックは異教の神々を祀るものだからダメだとなり、ギリシャ神話まで否定する始末です。古代オリンピックの競技会は三九三年の第二九三回大会を最後に一二〇〇年の歴史に幕を下ろしました。近代オリンピックとして蘇る一八九四年（実際の競技会開催は一八九六年）まで約一五〇〇年もの長い時を待つことになります。

キリスト教の怖いところは人がそれぞれ拝んでいる神を片っ端から否定していくことです。のちに、日本にもそれをやろうとしていました。今でもキリスト教はそれほどカルトではない派のものでさえ、仏像は拝んではダメですというような考えの人たちがいるくらいです。

テオドシウス帝の死後、ローマ帝国は決定的に東西に分裂してしまいます。そして、西ローマのほうは救いようがなくなっていく話はもう少しあとのことです。

そのころの日本はというと「空白の四世紀」と言われます。なぜなら、チャイナ側の史料に日本の記述がないからです。たったそれだけのことです。では、なぜ記述がないかというと、その時期、チャイナ大陸が大動乱だったからということだけが理由です。

しかし現実には、チャイナの史料に記述はなくても、日本には実際に古墳などがたくさん残されていて、その造成技術や副葬品などから日本がどれだけ進んでいたかということが手に取るようにわかります。チャイナ大陸が乱れているのを尻目に、日本は勝手に発展していました。漢文マニアの人たちはチャイナの歴史書に日本に関する記述がないから、日本は遅れていたというのですが、事実はまったく逆です。

第二節　和の国と朝鮮出兵

チャイナ大陸は三国志の時代の動乱が終息しないまま、新たな混乱が始まるといった大動乱期です。そのような時代のチャイナの史料に日本に関する記述がないことは、その理由とともに先ほど指摘したとおりです。

しかし、チャイナの歴史書などに記述があるときは、日本を「倭国」と記しています。

「倭」という字はチビ、猫背などを意味するとんでもない、人をナメた漢字です。チャイナが魏だったとき「漢委奴国王《かんのわのなこくおう》」という印鑑をもらったことがありましたが、あれにある「委」も「倭」と同じです。

「倭」は使ってはいけない字です。自称に使うなどはもってのほかです。

同じ「わ」の国ならば「和の国」と勝手に私は変えました。和食、和服などは「和」を使うわけですから「和国」でよろしいのではないでしょうか。

◉「倭」の字に抗議した日本

チャイナは自分のところを「支那と呼ぶな」と文句を言うくせに、外国を呼ぶときは匈奴、鮮卑などと基本的にマイナスイメージの漢字を使い、表記してきました。アメリカのことを「美国」とプラスイメージの漢字を使って表記するなどは例外です。

今でもモンゴルを「蒙古」と表します。「蒙」の字が「無知蒙昧」などと使われることから考えてもマイナスイメージの表記です。最近、モンゴルは「蒙」の字は使わないでくれと抗議したと聞きました。約一〇〇〇年も使われてきたので、今さらという気がしなくはないのですが。日本は「倭」の字を使うなと一四〇〇年前には抗議しています。つい三〇〇年くらい前にも江戸時代の儒学者・雨森芳洲《あめのもりほうしゅう》が同様の抗議をしています。ただし、そのときの抗議の相手はチャイナではなく、朝鮮通信使・申維翰《しんいかん》でした。呼び方や表記の仕方は意識に関わる大事な要素だと自覚したところで、四世紀の世界に入っていきましょう。

三国志の時代のあとの大動乱のチャイナを「中国史のパターン」を思い出しながらもう少し見ておきましょう。諸葛孔明の死に走らされた司馬仲達の一族のことからです。

司馬一族にとって、魏・呉・蜀の三国が統一され新しい国ができるのは恐怖でした。なぜなら、新しい国ができれば、真っ先に粛清される功臣というのが他ならぬ自分たちの立場だったからです。司馬一族は自分たちが粛清されずに済むぐらい力をもつまでは三国を統一させまいと、三国の統一を必死になって遅らせようとしていました。

その甲斐もあったのでしょう。司馬一族が満を持して自分たちの王朝・晋をつくったところまではよいのですが、すぐさま地方軍閥が首都に乱入する事態を招きます。パターン1（新王朝成立）からパターン7（地方軍閥の首都乱入）に逆戻りしたかっこうです。司馬仲達一族もなんのことはない、「中国史のパターン」のサイクルのなかにいるのです。

◉五胡十六国の時代

では、その司馬一族の建てた晋がいかに「中国史のパターン」にあてはまっているかを見てみましょう。

二八〇年、晋の武帝（司馬炎）が呉を滅ぼし三国を統一しました（パターン1）。

チャイナの再統一が成し遂げられて二〇年もしないうちに、もう権力闘争が起きています。八王《はちおう》の乱です。これは皇帝になった司馬一族の諸王同士の権力争いです。このとき、諸王たちは互いの兵力だけで戦うのではなく、五胡《ごこ》と呼ばれる北方の異民族の力を借りてしまいます。五胡とは匈奴、鮮卑、羯《ちょう》、氐《てい》、羌《きょう》の五つの民族の総称です。

晋王朝の内紛による争いや混乱が長引けば長引くほど、異民族に活躍の場を与え、力をつけさせることになりました。

八王の乱をきっかけに台頭してきた五胡が華北に侵入し、次々と王朝を建てていきます（三〇四年〜）。これなどは晋の国からすれば、周りの異民族に侵略戦争を仕掛けようとしたら（パターン3）、逆に異民族が中央に乱入してきてしまったというわけです。異民族というところが、やや変則的ではあるものの、農民の反乱が頻発すること（パターン6）や地方軍閥が中央に乱入すること（パターン7）となんら変わりません。あとはひたすら「中国史のパターン」が続くだけです。

力をつけて王朝を建てた異民族が、容赦なく晋を攻撃してきます。

匈奴軍が洛陽を占領し、晋の懐帝《かいてい》を捕らえるという永嘉《えいか》の乱が起きました（三一一年）。

晋の諸王に仕えていた匈奴が独立し自前の国を建てたと思ったら、晋に襲いかかり、弱体化した晋にとどめを刺しました。続けて晋の皇帝・懐帝が殺害され（三一三年）、長安に逃れ即位した愍帝《びんてい》も匈奴に降伏し、晋は滅亡しました（三一六年）。

翌年、生き残った司馬一族の司馬睿《えい》が江南に逃れ、そこで晋を再建します。江南で再建したその国を東晋《とうしん》と呼びます。この東晋と区別して、匈奴に滅ぼされるまでの晋を西晋《せいしん》と呼びます。

学校の世界史の授業などでも晋の国を西晋、東晋と覚えさせられます。しかし、地図でよく見ると西晋、東晋は西と東という関係ではなく、明らかに北と南に位置する関係なのです。

西晋が根拠地を江南に移したのが東晋です。西晋が北方系騎馬民族・匈奴に北京以下の華北を取られたので、都を北から南に移動しただけのことなのです。それを西晋、東晋と呼び、王朝の名前からして後世の人間を惑わすのですから、まったく油断なりません。

西晋が滅亡してから（三一六年以降）、チャイナ大陸は五胡十六国《ごこじゅうろっこく》と呼ばれる時代に入っていきます。北方騎馬民族の五胡が建てた国の一六の国（実際は一六以上）が興亡を繰り返す時代なのでそう呼ばれます。

このときから一応漢民族の流れをくむと考えられる王朝が江南に追いやられてしまいま

した。東晋のあと江南にできた国々を南朝と呼びます。

◉まとまりはじめた朝鮮半島の勢力図

チャイナ大陸がこのような動乱を繰り返しているとき、日本はどのような様子だったのでしょうか。

卑弥呼《ひみこ》という人がいて、魏の国から親魏倭王《しんぎわおう》という称号とそれを記した金印をもらった（二三九年）ことは前章にも書きました。魏が隣接する高句麗《こうくり》と対立していたために周りの国を味方につけようとして、日本とも仲良くしておこうということからくれたものでした（親魏倭王の「倭」の字まで勝手に変えるわけにはいかないので、そのまま記しました）。

卑弥呼が朝貢した後、魏が高

5世紀中頃の朝鮮半島

句麗に侵入し壊滅的な打撃を与えます（二四四年）。高句麗は満洲人と北朝鮮人の混血した人たちだったと考えられます。今よく言われるように、北朝鮮が主体の国だったわけではありません。

二四八年に卑弥呼が亡くなったあと、和国は少し混乱したものの、卑弥呼の後継にイヨと呼ばれる少女を立てたところ混乱は収まりました。イヨも朝貢したという記録が『魏志倭人伝』などのチャイナの歴史書に出てきます。この記述を最後に、チャイナの歴史書に日本に関する記述はその後一〇〇年は出てきません。なぜなら、チャイナ大陸全体が動乱状態にあったからというのは繰り返しておきます。

チャイナの歴史書に日本に関する記録はなくても朝鮮の歴史ぐらいは残っていて、高句麗に関する記述もあります。

高句麗は凶暴な国でした。高句麗はチャイナの朝鮮半島での出先機関だった楽浪郡《らくろうぐん》を滅ぼします（三一三年）。この楽浪郡について少し説明しておきましょう。

チャイナ大陸の燕《えん》（戦国時代の六国の一つ）出身の衛満《えいまん》が朝鮮の最初の国と言われる箕《き》子《し》朝鮮を追い出して、朝鮮半島の北西部を支配し、衛氏《えいし》朝鮮と呼ばれるようになる国を築きます。都は王険城《おうけんじょう》（今の平壌《ピョンヤン》付近）に置きました。その衛氏朝鮮を漢の武帝が滅ぼして（前一〇八年）、直轄地として置いた一つが楽浪郡です。それ以降、楽浪郡はチャイナによる朝鮮半島支配の拠点になりました。

高句麗が楽浪郡を滅ぼしてからは百済《くだら》（四世紀半ば、三四五、六年頃建国）、新羅《しらぎ》（三五六年建国）などの国が次々と出てきます。

朝鮮の現存最古の歴史書と言われる『三国史記《さんごくしき》』（一一四五年成立）に書かれている三国とは高句麗、百済、新羅のことです。実際はもっと細かく分かれていたものが大体、こうした三つに大きくまとまったというぐらいのことです。和国の出先機関があったとされる任那《みまな》などは三国に入れてもらっていません。

◉なぜ朝鮮出兵を最優先したのか

四世紀の和国を取り巻く状況は、チャイナ大陸は動乱、そのあおりを受けて朝鮮半島は不安定というものでした。こうした状況のなか、日本は国内統一よりも朝鮮半島の安定を優先させて、いち早く朝鮮出兵を行いました。

大和朝廷は日本国内を北陸や関東まではかなりのスピードで平定していき、あとは東北を残すだけというそのときに、東北ではなく朝鮮に兵を送りました。チャイナ大陸に発した動乱が朝鮮半島にまで来ているからです。それは北九州の目の前まで危機が迫っていることに他なりません。

チャイナの動乱は三国志の時代から一向に終息する気配を見せるどころか、五胡十六国、南北朝でも続き、そこへ高句麗がしょっちゅう中華帝国に逆らうなどということも加わり、いやというほど続いているわけです。そんな奴らが目の前に来ればたまったものではありません。朝鮮半島は対馬から約五〇キロのところにあり、本当に目と鼻の先です。対馬から博多湾《はかた》までの距離約一三二キロよりもはるかに近いのです。

百済は高句麗や新羅から脅威を受けていたので、日本とは協力関係を築いていました。和国に七支刀《しちしとう》（奈良県天理市の石上神宮《いそのかみじんぐう》所蔵の鉄剣）を贈ったのもそれを物語ると考えられています。

和国が朝鮮出兵を行って、結構勝っていることの記録があります。たとえば、和国が百済と連合して新羅を破り、任那を設置したことが『日本書紀』に書かれています。

朝鮮側の史料で任那が記録されている最古のものは広開土王《こうかいどおう》の石碑です。広開土王の石碑とは高句麗全盛期の王・広開土王（好太王《こうたいおう》）を記念して四一四年に建てられたものです。その石碑に「任那加羅《みまなから》」と記されています。またチャイナの正史の一つ、『宋書』（南朝宋の歴史を記した書。四八八年に完成）の「倭の五王」に関連する記事のなかで「任那加羅」の記述があります。しかし、任那はこれ以降の朝鮮側の史料にはなぜか出てこなくなるのです。

三九一年にも、同様に和と百済の連合軍が新羅を破っています。このときの戦いのことも広開土王碑に記されています。

基本的に連合軍として共に戦った百済は親日派であり、対する新羅は反日派です。とはいうものの、新羅はまさに虎の威を借る狐です。後ろ盾のチャイナが強いときには日本に対して威張り、チャイナが西方のことに手一杯で朝鮮半島のことには構っていられない状態になると、平城京まですっ飛んできて謝ったりしています。平城京ははるか後の話ですが。この辺のさらに詳しいことは小著『嘘だらけの日韓近現代史』（扶桑社）に書きましたので、そちらも覗いてみてください。

◉教科書から消された最初の女帝

『古事記』『日本書紀』によると、第一四代仲哀《ちゅうあい》天皇の皇后・神功《じんぐう》皇后は武内宿禰《たけのうちのすくね》（孝元天皇の子孫で、日本初の大臣）と共に新羅に遠征し、新羅を降伏させています。これが三韓征伐です。このとき神功皇后は妊婦でした。遠征を終え筑紫に戻ってから第一五代応神《おうじん》天皇を出産しました。

そのような神功皇后は教科書から消された天皇なのです。

神功皇后は日本で最初の女帝だとずっと言われてきました。ところが、大正時代になって突然、勝手に天皇号を取り上げられてしまったのです。このことによって、推古天皇が日本で最初の女帝ということになりました。推古天皇の即位自体、先例がないことをやったと言われるのですが、じつは神功皇后の先例にならってやったのです。皇室は先例がすべてですから。

教科書はどんどん変えられています。

教科書では最初に出てくる女帝は推古天皇になってしまいました。変えられたのはそれだけではありません。戦前は大ヒーローだった豊臣秀吉が戦後は朝鮮出兵をやった悪い奴ということになってしまっています。また、天皇家に忠誠を誓って活躍した楠木正成《くすのきまさしげ》も名前が出てくればまだよいほうです。

日本は今、天皇家の英雄、天皇家に忠誠を尽くした人間、朝鮮出兵をやった人間をどんどん教科書から抹殺していっているのです。いかにもマッカーサーが考えそうなことです。

日本は教育を奪われました。

天皇家に関わること、朝鮮出兵に関わる歴史の記述を戦後の教科書は一斉にやめました。それでも、戦前に教育を受けた人がそうした話を覚えているころはまだよかったのです。団塊《だんかい》の世代（一九四七〈昭和二二〉年から一九四九〈昭和二四〉年の戦後のベビーブームに生まれた世代）はその親が教育を受けて知っていました。でも団塊の世代は知りません。そして今、団塊の世代の子供、団塊ジュニア（一九七一〈昭和四六〉年から一九七四〈昭和四九〉年生まれを指す）と呼ばれる人たちが親になっているのです。いまや最初からそのような歴史を習っていない人たちが親という時代なのです。

教育は良きにつけ悪しきにつけ、三代かかるというわけです。

第三節　西ローマ帝国の滅亡とキリスト教の異端

日本は暢気ですが、四世紀後半から五世紀後半にかけての約一〇〇年はあちらこちらで、さらなる分裂と混乱が繰り広げられていきます。

ローマ帝国の分裂がいよいよ決定的になります。分裂後、東ローマ帝国はなんとか持ち堪えますが、西ローマ帝国は滅亡し、そのあとさらに分裂していきます。その様子を詳しく追っていきましょう。

◉東西ローマ帝国の明暗

話はテオドシウス帝がキリスト教を国教とした（三九二年）ころからのことです。

東の正帝テオドシウス帝が西の正帝との内戦に最終的に勝利し全ローマを統一します(三九四年)。統一したとはいえ、ローマ帝国の中心はあくまでも東ローマであるという認識でした。テオドシウス帝自身、統一したときでさえ、一度もローマに行ったことがなかったぐらいなのですから。

日本の室町時代、足利義教《よしのり》が言うことを聞かない鎌倉公方と戦って滅ぼし将軍の権威を見せつけたけれども、自身は鎌倉には入らなかったようなものです。

統一したのも本当に東の間、翌年にはテオドシウス帝が亡くなります。そのときテオドシウス帝は自分のまだ幼い息子二人をそれぞれ東ローマ皇帝と西ローマ皇帝に就けてしまいます(三九五年)。東の皇帝は一八歳、西の皇帝はまだ一一歳でした。それぞれの皇帝の側近たちが皇帝を支えたのはいいのですが、互いに張り合うあまり、別々の国のようになってしまいました。

ここから、さらに東ローマ帝国と西ローマ帝国の明暗が分かれていきます。

すでに始まっていたゲルマン民族の大移動によって多くの異民族が西ローマ帝国に入ってきていたのに加えて、四〇五年頃から起こる西欧民族の大移動も西ローマ帝国の衰亡をさらに促すことになりました。

ゲルマン民族の大移動も西欧民族の大移動も玉突きみたいなものです。

ローマ帝国の東西分裂（395年〜）

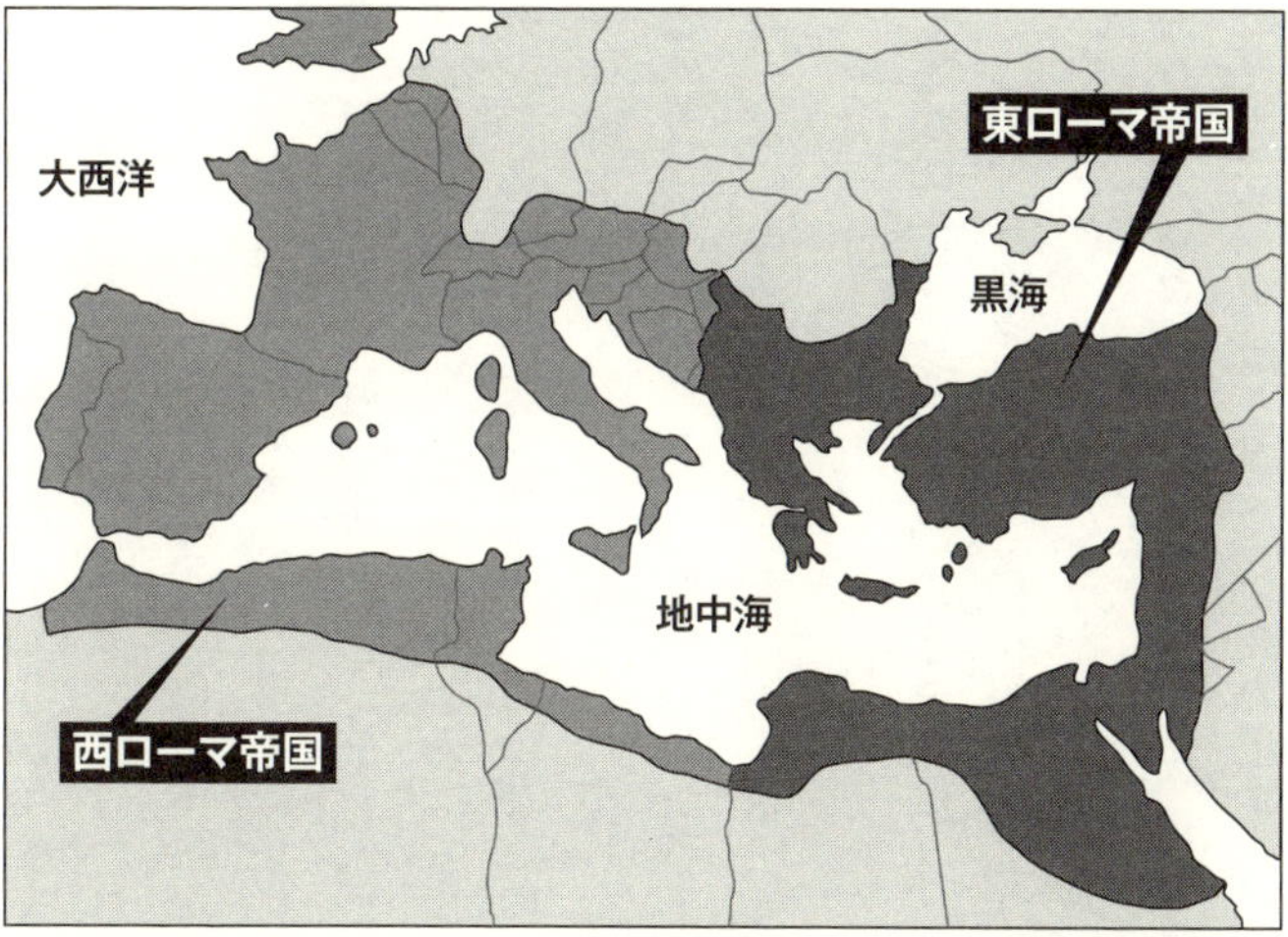

中央ユーラシアの北方騎馬民族・フン族が今のドイツ人にあたるゲルマン民族を蹴散らし、蹴散らされたゲルマン民族がさらに西のほうへ行き、西のほうでどんどん分裂して、これ以上怖い奴に襲われずに安心して住めるところはどこだということになって、一番弱いローマに向かったのです。つまり、強い奴と戦って勝てないので弱い奴のところを奪い、そこから追い出された弱い奴がもっと弱い奴のところを探し求めて移動していく。その一番弱い奴がローマだったのです。

東ローマ帝国もゲルマン民族に侵攻されたものの、ゲルマン民族がより西に移動していったので、東ローマ帝国の領土はそのまま残りました。

そんな危機に瀕したとき、西ローマ帝国は

何をやっていたのか。延々と神学論争をやっていました。三位一体が正しいとか正しくないかとか。小アジアのエフェソスで行われた公会議（エフェソス公会議。四三一年）ではこれまでも正統だとされてきた三位一体説がさらに確認され、ネストリウス派が異端とされました。異端とされたネストリウス派がローマ帝国を出て、ササン朝ペルシャから唐に伝わり、景教《けいきょう》と呼ばれるようになって日本にも伝わってきたことはすでに書きました。

また、この二〇年後に開かれたカルケドン公会議（四五一年）では、三位一体説が正統な教義であると決定されます。このときの会議はローマ司教レオ一世の主導で行われ、三位一体説をとらない説は異端とされました。

この会議以降、ローマ司教の権威が高まって、カトリック教会ではローマ司教が全司教の第一位にあると主張し（首位権）、ローマ教皇と呼ばれるようになりました。

◉五本山の一つにすぎないローマ教会

ここで、ローマ教皇なる存在がどのようなものであるかをざっと説明しておきます。

ローマ＝カトリック教会の聖職者にはヒエラルキー（階層性組織）があり、最高の地位にただ一人のローマ教皇、以下、大司教（複数の教区、あるいは大司教区の長）、司教（教区の責任者）、司祭（神父。司教の任務を補助する）と、ピラミッド型に組織化されています。

ローマ帝国でキリスト教が国教になってから、教会や信者を管理するために帝国が五つの管区に分けられていました。五管区の大司教が置かれたところを五本山《ごほんざん》と言います。五本山は、ローマ教会、コンスタンチノープル教会、アレクサンドリア、イェルサレム、アンティオキアです。

ローマ教会は五本山の一つにすぎなかったのですが、五本山のローマ司教には先ほど見たように特別な地位が与えられ、大司教の上に置かれるローマ教皇と呼ばれるようになっていったのです。

また、もう少しあとの時代、七世紀以降イスラム教が出てきてからのちは、五本山のうち、アレクサンドリア、イェルサレム、アンティオキアはその地域がイスラム化したので、残ったローマ教会とコンスタンチノープル教会のあいだで首位権を争い対立するようになります。そして、その対立を経て、最終的にローマ＝カトリック教会と東方正教会に分かれて、今に至るのです。

ローマ教皇という地位はこのようにして権力と権威を獲得してきました。

神学論争についても少し付け加えておきます。

神学論争では四一一年から四三一年まで続いた、アウグスティヌスの神学論争も有名です。アウグスティヌスは異端とされた人たちとの論争を通して、正統としての教義を確立させました。彼の著作『神の国』（四二六年完成）はキリスト信仰にとって重要な考え方を提示した書であると考えられています。それゆえ、アウグスティヌスはローマ＝カトリックの最大の教父と呼ばれる存在です。教父とはカトリック教会では正統な信仰をもって、模範となる聖なる生涯を送ったとして教会が公認した古代・中世の神学者、著作家のことを言います。

カトリック教会のなかで力をもちはじめたローマ教皇が、いろいろな局面で登場してきます。

フン族のアッティラ王が西ローマ帝国の北イタリアに侵攻してきたとき（四五二年）、カルケドン会議を仕切ったローマ教皇レオ一世がアッティラ王を説得して撤退させたことになっています。しかし、アッティラ王が撤退したのは他の理由のほうが大きかったようです。

アッティラ軍は北イタリアに踏み込む前の年にガリアのカタラウヌムの戦いで、ローマ・ゲルマン連合軍に敗れ、戦力が衰えていました。にもかかわらず、無理を押して侵攻した北イタリアは飢饉で食糧不足に陥り、疫病が流行しているようなところだったのです。おまけに東ローマ軍がアッティラ軍の背後に迫っていました。どうやらアッティラ王にとってローマ教皇レオ一世の説得は渡りに船だったようです。アッティラ王は西ローマ帝国が差し出した貢納だけを受け取ってさっさと引き揚げていったというのが本当のところではないでしょうか。

いずれにせよ、西ローマ帝国はこのときの危機はなんとか逃れたものの、一難去ってまた一難。敵は外からやってくるだけではありません。真の敵は内にいました。

西ローマ帝国のゲルマン人の傭兵隊長・オドアケルが反乱を起こし、西ローマ皇帝を追放したのです。しかし、その後オドアケルは自分が西ローマ皇帝となるのではなく、東ローマ帝国に服属して総督に任命されています。

これで、本当に西ローマ帝国は滅亡してしまいました（四七六年）。

東ローマ帝国は西を切り離し、元気を取り戻し生き延びます。とは言っても、ササン朝ペルシャには、事あるごとに叩きのめされているのですが。

◉日本人には理解しがたい「暗黒の中世」

西ローマ帝国のほうは滅んだあと、どんどん分裂していきます。

分裂したなかから、フランク王国（メロヴィング朝）が建国されます（四八一年）。このフランク王国が西ローマ帝国を復活させたようなものになっていくのですが、それはまだ四〇〇年ぐらい後の話です（第六章第五節）。

西ローマ帝国の滅亡からヨーロッパの「暗黒の中世」が始まります。

ギリシャ、ローマまでの古代はガタガタ言いながらも、なんとかかんとか発展してきました。しかし、ヨーロッパの中世は違います。そのまま発展していくのではなく、停滞するのでもなく、落ちるのです。それも一気に、ストーンと真下に落ちてしまいます。ナイアガラの滝状態です。

これまでも、ローマでは下水道がダメになり、下水がなくなるのでトイレがなくなり、汚物を道端に捨てるので不潔になって疫病がはやる、そうしたことが起きていました。科学技術はさらに退化し、記録も残らなくなってしまい、ますます人心が荒廃していきます。それがヨーロッパの「暗黒の中世」なのです。日本人には想像するのさえ難しいことです。

日本人は時代に対して、古代、中世、近世、近代と時間が経つにしたがってどんどん発展していく、いわゆる右肩上がりに良くなっていくという感覚をもっています。そして、人類は絶対に発展するものだという、人類に対する信頼のようなものを無意識のうちにもっています。だから、マルクスという人に騙されてしまうのですが。

しかし、ヨーロッパ史を見るときはそうした感覚では歴史がうまく捉えられません。ヨーロッパ史に対するときは、時代が下るごとに人類は常に発展するものだという固定観念はわきへやっておいてください。

ここで「暗黒の中世」を招く一因となったキリスト教をより知るためにも、キリスト教の異端についても見ておきましょう。

小著『反日プロパガンダの近現代史』（アスペクト）を書いたとき、キリスト教のタブーやアンタッチャブルな部分に踏み込んで書きました。プロパガンダという言葉がカトリック起源であるとか、ローマ帝国でカトリックが何をやったのかとか、カトリックとプロテスタントの宗教戦争がどうだったのかといったようなことです。しかし、そのような話はヨーロッパ人ならみんな知っているものでした。

これから記すことは、こんなことを言えばヨーロッパでは生きていけないというくらいのものです。

◉グノーシス派の「認識」とは

カトリックというのはありとあらゆる異端を叩きのめしながら、今の地位を築いてきました。

すでに見たように、アリウス派を異端としたのもその一つです。

古代には甚だしく異端であるとされたものが二つありました。一つはグノーシス派で、もう一つはネストリウス派です。

まずはグノーシス派の考えから見てみましょう。

「グノーシス」とはギリシャ語で「知」「認識」などにあたる言葉で、深く、根源的な知識を意味します。つまり、根源的知識の認識に重きを置く宗派です。

ではグノーシス派が「認識」する「根源的知識」とは何か。箇条書きで挙げてみましょう。

- 『旧約聖書』の神、つまりユダヤ教の神は創造神であり、イエスが宣《の》べ伝えた神は至高神であって、違う神である。
- 創造神がつくった世界は唾棄《だき》すべきものである。
- 人間もその創造神によってつくられたので、人間の体はこの世界と同様に唾棄すべきものではあるが、人間のなかにはわずかに至高神の要素が含まれている。
- イエスはそのことを人間に伝えて救済するために世界に降りてきた。
- そして、救済とは、この唾棄すべき世界から解き放たれ、体からも解放されて、魂が至高神のもとに戻ることである。

実際、グノーシス派の考えは哲学的な思想という面が強く、一般の信者には理解できないものだったようです。とはいえ、昨今のニューエイジャーの「アセンションによって上位の世界に到達する」とかいう話をなんとなく彷彿とさせるものが感じられます。「超越的世界」「本来的自己」「教会が隠してきた真の福音」などなど、オカルトの世界を含めて、今なおそれなりに生き残って影響を与えている思想でもあるのです。

グノーシス派はキリスト教の正統派にとっては手強いものでした。何しろ、正統派のすべてを否定するような考えをもっているのですから。『現代カトリック事典』はグノーシス主義について、「宗教団体としては消滅したが、グノーシス主義は、キリスト教のすべての異端のなかに必ず存在する要素である。すなわち、客観的啓示が使徒時代をもって完了したこと、また、神が啓示した言葉の意味を確定的に解釈する教導権を教会内に樹立したことを否定する」と述べています。要するに「俺たち正統教会の権威を認めないのがグノーシス主義だ」と言っているわけです。

ものすごく大根切りに話すと、「神の正体は悪魔で、悪魔から人類を救うために差し向けられた救世主がイエス・キリストだ」という教えです。

そうしたグノーシス派のテーマで書かれた作品が日本にあります。永井豪の漫画『デビルマン』です。作者自身が『デビルマン』から派生した漫画『デビルマンレディー』のなかで、デビルマンはグノーシス派の物語だということを書いています。

◉結局追い出されたネストリウス派

次にもう一つの異端、ネストリウス派です。

ネストリウス派とはどういうものなのか。その説明の前に、異端説を理解するポイントを簡単に解説しておきます。

グノーシス派のように『旧約聖書』の神を蔑視するというのは別格として、その他諸々の異端説は、結局、イエスを何だというか、というのがポイントです。たとえば「イエスは人間であって神じゃなーい」と言うと、一発アウトで異端と判定されます。先に述べたアリウス派がこれにあたります。

ではネストリウス派はどうか。イエスが神である、というのは認めます。しかし同時に、イエスはこの世界に赤ん坊としておぎゃあと生まれ、お腹がすいたら食事をし、疲れたら寝る、というように人間だったのも事実です。そこで三位一体説でも、ネストリウス派でも、イエスは神性（神の性質）と人性（人の性質）の両方をもっていた、と考えます。

ネストリウス派と三位一体論との違いは、三位一体論では「イエスの人性は神性と結合して一つになっていた」とするのに対して、ネストリウス派では神性と人性がイエスのなかで別個に並立していることです。「マリアは人であるイエスを産んだのだから、マリアは『神の母』じゃなくて『イエスの母』だ」というところにもこだわります。

そこが違うと何がどう問題なのか。部外者にはさっぱりわかりませんが、神学論争というのはそういうものです。しかもそれで殺し合いに至るのも珍しくありません。

ネストリウス派はエフェソス公会議（四三一年）で異端と認定されてしまいます。その後、ローマを追い出され、ササン朝ペルシャに行き、唐に伝わっていきました。唐ではずいぶん盛んになって信者も多く、都・長安には景教の寺院が建てられました。そして、景教は奈良時代に日本まで来ました。

キリスト教が奈良時代には日本に伝わっていると言ったのは異端と言われたネストリウス派のことだったのです。

キリスト教が日本に伝わったのはフランシスコ・ザビエル（一五四九年）のときだと言い、奈良時代の日本にキリスト教が伝わっていたことを認めさせないのはカトリックやプロテスタントのプロパガンダにほかなりません。これは他でもすでに書いたことながら、事実なので何度でも書きます。

ネストリウス派はチャイナでは宋の時代に衰えたものの、中央アジアに残り、今でもわずかながらイラクや南インドに残っているとされています。

◉最強の戦闘民族・エフタル

さて、ローマだのキリスト教だの、当時のマイナー問題に文章を割きすぎました。当時のユーラシア大陸西方のメインストリームについてお話ししましょう。

読者の皆さんはエフタルについてご存知でしょうか。はっきり言って謎の民族です。エフタルはローマ帝国より強かったササン朝ペルシャと戦って、最後はササン朝ペルシャ相手に貢納を強制するまでの戦闘民族です。

エフタルはヒンズークシ山脈（今のアフガニスタン）あたりから出てきた、北方騎馬民族・匈奴の一族で白匈奴《しろきょうど》（はくきょうど、とも）と言われます。インドやビザンチンの史料には「白いフン」とも書かれていて、その民族系統はよくわかりません。

次第に勢力を広げインドや西アジア一帯に侵入を繰り返し、ササン朝ペルシャに侵攻していきました。

エフタルはササン朝ペルシャの国王ペーローズに攻められたものの、反対に国王ペーローズを捕虜とし、その息子を人質として差し出させています（四六九年）。さらに、莫大な貢納の約束まで取り付けました。

その後、ササン朝ペルシャと戦って、これを破りました（四八四年）。このとき、ペー

エフタルの最大版図（520年頃）

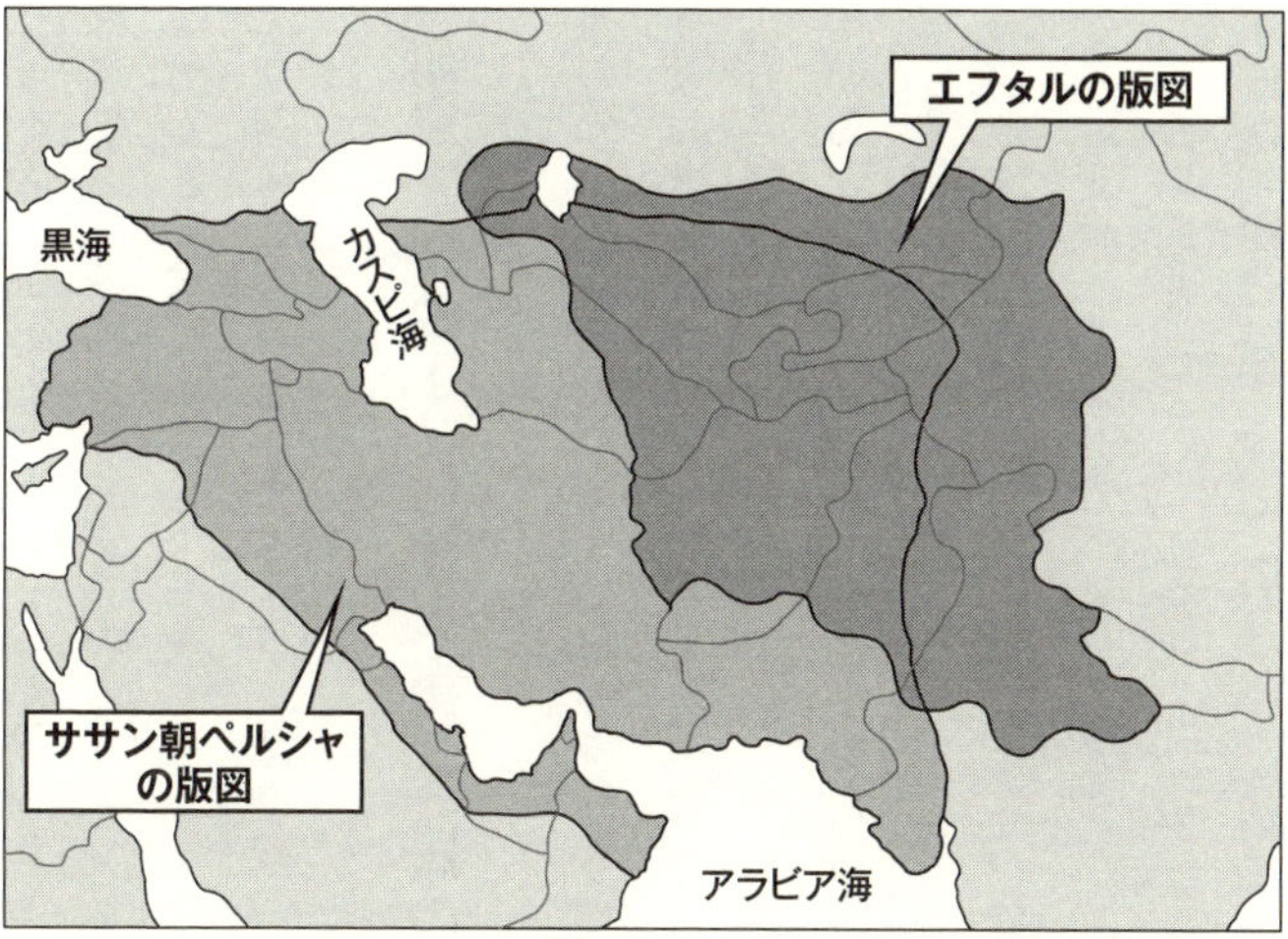

ローズは戦死しています。

エフタルは独自の世界を保っていたインドの西北部を掠《かす》め取り、ギダーラ朝（パンジャーブを支配した王朝の一つ）を滅ぼしています。

あちこちにケンカを仕掛けては勝って支配し、ペルシャ、中央アジアとインド、チャイナを結ぶ交易路を押さえ、チャイナとも交易を行っていました。チャイナと接触があったので、チャイナの史料に「白匈奴」と記されているのです。

交易により繁栄し、ずいぶんと強さを見せたエフタルですが、五六七年頃までに、ササン朝ペルシャとトルコ系の遊牧民族突厥《とっけつ》の挟み撃ちに遭い、滅亡してしまいました。

エフタルは約二〇〇年の栄光で終わってし

まいました。二〇〇年といえば結構な年数で、頑張ったと言っていいでしょう。国家としてのエフタルは滅亡しても、のちのアラブ支配には抵抗したとして八世紀にもエフタルの名は出てきます。

ちなみに、エフタルとはイラン語系統の言葉で「強い人」という意味だそうです。

第四節　聖帝！　仁徳天皇と「民のかまど」伝説

西の分裂具合を見たあとは東のほうも見ておきましょう。

東では北方騎馬民族に蹴散らされたチャイナで南北朝時代が続いています。その南北朝時代も結局は「中国史のパターン」から抜け出せないまま、飽きもせずパターンを繰り返しているだけです。それでも南北朝のほうが出現して滅亡した国の数が少ないだけでも、五胡十六国よりはいくらかマシです。その南北朝を少しだけ覗いておきましょう。

南朝のほうは東晋に取って代わって、宋が建国しました（四二〇年）。北朝のほうは北魏が華北を統一しました（四三九年）。

ここから南北朝とも「中国史のパターン」の対外侵略戦争をしかけ（パターン3）、地方軍閥が中央に侵入する（パターン7）ということをとくに繰り返し、いろいろな王朝が出てきます。

南朝は宋のあと、斉《せい》、梁《りょう》と続き、そのあと陳《ちん》と後梁《こうりょう》がほぼ同時期に出てきました。北朝は北魏《ほくぎ》が西魏《せいぎ》、東魏《とうぎ》に割れ、そのあと北周と北斉が並立して存在しています。

そういう時期を経てようやく、隋《ずい》がチャイナを統一します（五八九年）。隋が出てくるときのことは後で詳しく見ます（第五章第六節）。

ユーラシア大陸ではずっと殺し合いが続き、果てしない興亡が繰り返されているとき日本はどのようだったのでしょうか。

◉世界一の仁徳天皇陵

そのころのわが国のようすをじっくりと見ていきましょう。

四世紀後半から五世紀前半というのは仁徳《にんとく》天皇の時代です。『古事記』に仁徳天皇の崩御が「丁卯《ひのとう》の年」と記されています。

第一六代仁徳天皇は第一五代応神《おうじん》天皇の第四皇子で、諱《いみな》は大雀命《おおさざきのみこと》です。『古事記』の下巻が仁徳天皇から始まります。人代篇《ひとのよへん》の後半部分なので、ここからはまあ本当だろうという話、つまり歴史になっていくわけです。

その『古事記』に仁徳天皇の御世を讃えて「聖帝《ひじりのみかど》の世」と呼ぶのだという記述があり

ます。そのように呼ばれた仁徳天皇はどのような天皇だったのでしょうか。

仁徳天皇は治水・灌漑・墓造りなど、公共事業に優れた天皇でした。それを象徴するのが仁徳天皇陵（大阪府堺市堺区大仙町）です。

今、教科書では仁徳天皇陵とは言わず、大仙陵古墳《だいせんりょうこふん》と言うそうです。なぜならば、本当に仁徳天皇を祀っているかどうかわからないからなどというのが理由だとか。そんな理由には付き合っていられないので、仁徳天皇陵と呼びます。ちなみに、「仁徳天皇百舌鳥耳原中陵《にんとくてんのうもずのみみはらのなかのみささぎ》」が正式な名称で、仁徳天皇の陵として宮内庁の管理のもとにあります。

仁徳天皇陵は仁徳天皇が生きているあいだに、仁徳天皇のもとで造られました。世界一大きなお墓です。始皇帝の墓・兵馬俑坑《へいばようこう》、クフ王のピラミッドと並び称されるお墓です。測定の仕方がいろいろあって、仁徳天皇陵が世界一だというのが気に入らない人たちが測り方を変えて、始皇帝のほうが大きいなどということがありますが放っておきましょう。

せっかくですから、わが国でもっとも大きい前方後円墳、仁徳天皇陵の大きさを記しておきます。

墳丘の全長四八〇メートル、前方部の幅三〇五メートル、後円部の直径二四五メートル、周濠を含めた東西の長さ六五六メートル、南北の長さ七九三メートル、周囲は二七一八メートル、面積四六万四一二四平方メートル（仁徳天皇陵にある説明書きの表示より）だそうです。陵の周りを分速八〇メートル（不動産屋の表示に使われている速度）で一周歩くと約三四分かかる広さです。

巨大で立派なお墓を造れるというのは、安定した強い王権ができていたという証拠です。治水や灌漑ができるというのも強い権力の象徴です。エジプトでもクフ王がナイル川の氾濫を支配できていたので、エジプトはナイルの賜物《たまもの》とまで呼ばれました。強力な支配力があったからこそ、あれほど巨大なピラミッドを造ることができたのです。

クフ王のピラミッドと同様に、仁徳天皇陵は安定した強い権力が確立されていたことを物語る、優れた公共事業であったということです。

◉世界に類例のない「民のかまど」伝説

仁徳天皇がつくったのは目に見える巨大なお墓だけではありません。

人に人柄があるように、国にも国柄があります。仁徳天皇は日本の国柄、すなわち国体をつくった天皇と言っても過言ではないでしょう。

仁徳天皇が国体をつくったことが凝縮されているのが「民のかまど」の話です。この話は『古事記』にも『日本書紀』にも記されています。要約するとこうなります。

仁徳天皇がある日の夕方、高台から民の様子を御覧になると、煮炊きして上がるはずの炊煙がなぜか上がっていません。これはどういうことだと家臣にお尋ねになったところ、家臣が「税も払えないぐらいなので、ご飯も炊けないのです」と答えました。これは大変だと、仁徳天皇がなさったのは減税どころではありません、民が苦しいのであればということで無税になさったのです。三年間税金を一切とらないということでした。その三年間で民の暮らしがだんだん良くなっていきました。しかし、仁徳天皇はまだ十分ではないと、さらにもう三年、無税にしました。

そんな仁徳天皇も女性にはだらしないところがあり、結構浮気者でした。それがもとで皇后とは仲が悪かったようです。そんな皇后に「宮殿も壁や屋根が壊れ、ぼろぼろになってきていて修理も必要なのでいい加減、税を取らなければね。無税にするのはもういいのでは」というようなことを言われ、仁徳天皇は「いや、ダメだ。民が一人残らず飢えずに済むようになるまでは私は贅沢をしない」と、結局六年間無税にしたのでした。その結果、何が起きたと思いますか。

日本国民一斉に「税を受け取ってくれデモ」です。こんなことは史上初、空前にして絶後ではないかということが起きたのです。

と、これが仁徳天皇の「民のかまど」の話です。

世界広しといえども、こんなことは聞いたことがありません。日本だからこそ起きたと言えます。石油でボロ儲けしたから税金を取らなくてもやっていけるぜ、福祉なんてもう働かなくてもくれてやるぜ、というような国はあります。しかし、このときの日本のように、景気が苦しいときにまず天皇陛下が率先して貧乏に耐えるというようなことを他では聞いたことがありません。

民が先に豊かになって初めてご自分のことをお考えになるというのは、わが国ではなにも仁徳天皇だけではないのです。そのような例として昭和天皇のことを二つだけ挙げておきましょう。

◉あまりにも質素な昭和天皇

仁徳天皇の「民のかまど」の話を幼いころから聞いていらっしゃった昭和天皇にはこんなエピソードがあります。

昭和天皇は戦時中にお入りになった御文庫《おぶんこ》と呼ばれた防空壕を、戦争が終わってからもなかなかお出になりません。御文庫は湿気もひどく、これでは健康にもよくないと考えた侍従が御所を新しく造る提言をしたときも、これを却下なさったといいます。まだ多くの人が住む家のないときでした。

昭和天皇が防空壕からようやくお出になって新しく造られた吹上御所《ふきあげごしょ》に移られたのは、

東京オリンピックの三年前、昭和三六年、終戦から一六年後のことでした。家を焼け出されてバラックに住んでいた人たちが、ようやく家に住めるようになっていました。

昭和天皇の大喪の礼のときです。当時の竹下首相が宮中に入り、てっきり物置だと思ったところが、じつは陛下の寝所だったとのことです。代沢《だいざわ》（東京都世田谷区）にかなりの豪邸を構えていた竹下さんの目には物置と思える質素なところで、昭和天皇は寝起きなさっていたのです。

仁徳天皇がチャイナの歴史史料に出てくる倭の五王の讃《さん》なのか、珍《ちん》なのかなどという議論ばかりが行われていますが、仁徳天皇の「民のかまど」の前では、そんなことはどうでもいいことなのです。

今、憲法論議が盛んになっています。自主憲法制定論も発言力を増しています。すなわち、アメリカ人が一週間のやっつけ仕事で作った日本国憲法の焼き直しではなく、日本国の歴史に根差した憲法をもつべきだという意見です。

大賛成です。

だからこそ、仁徳天皇の「民のかまど」の話を基礎に据えて憲法を議論すべきときではないでしょうか。こういう話をすると、歴史こそが憲法論議の基礎なのだという認識をもつ人がだんだん増えてきてはいます。国会議員のなかにも党派を超えて、仁徳天皇の「民のかまど」伝説のような歴史の上に日本があり、このような話を国の基礎にしようという考えの人が出てきています。

よく、「財政の健全化に努めなければならない」などと憲法典の条文に書き込もうとする人がいます。では国民経済が苦しいときでも、国家財政の帳尻を合わせるために、増税しなければならないのでしょうか。

そもそも、日本語の「憲法」の意味は、「役人の心構え」です。「民のかまど」の話、とくに財務省のみなさんにはしっかりと考えてもらいたいことです。

第五節　ユスティニアヌス帝とビザンチン帝国の栄光

時代を進めて、六世紀の世界に入っていきます。まずは全体を見渡しておきましょう。

朝鮮半島には『三国史記』に出てくる高句麗、新羅、百済の三国に加え、任那と呼ばれる国もありました。

チャイナ大陸は南北朝時代がまだ続いています。

チャイナ大陸の北方には柔然《じゅうぜん》という遊牧民族が出てきます。これはモンゴルのことです。王は「可汗（カガン、ハガンとも）」と称しました。「ハーン」のことです。モンゴル高原を支配し（四〇二年頃）、東西の交易路を押さえ、チャイナの北朝・北魏にとっては厄介な存在でした。しかし、北方騎馬民族の突厥に破れ（五五二年）、それから二年後ぐらいに消滅しました。

このころのチベットは一時期大国だったときもあるくらいで、元気でした。

インドとササン朝ペルシャの両方に攻めかかる凶暴な謎の帝国エフタルがまだ存在しています。

ササン朝ペルシャはエフタルには貢納しながら、東ローマ帝国に対しては何度も侵攻しています。

西ローマ帝国亡きあと、いろいろな国が群雄割拠しているのがヨーロッパです。

そうした情勢のなか、西を切り捨てて生き延びた東ローマ帝国に着目すると、何が見えてくるでしょうか。詳しく見てみましょう。

◉「ローマ法大全」の完成

東ローマ帝国は比較的元気なときです。この時代の前後のことを考えると、このときが一番元気だったということになります。なにしろ、この後の時代にはイスラム帝国が登場

6世紀の世界

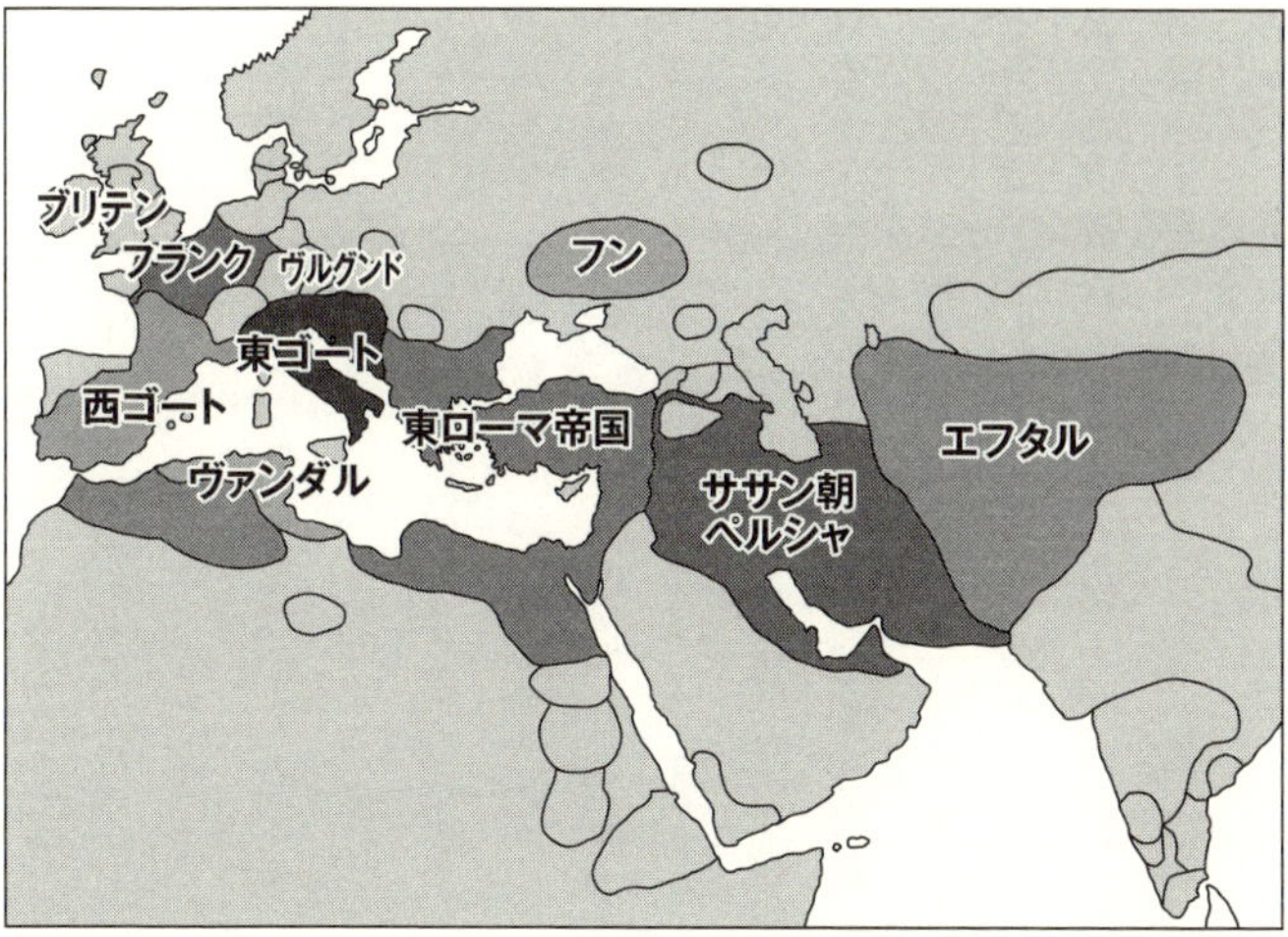

しますから。イスラム帝国が登場する時代のことは次の章で詳述します。

東ローマ帝国（七世紀頃からはビザンツ帝国と呼ばれるようになる）はこのあと一〇〇〇年ぐらいは続くものの、あとの時代はすべて惰性で生き残っているようなところがあります。

東ローマ帝国の代表的な皇帝といえば、ユスティニアヌス帝（在位五二七年～五六五年）です。

ユスティニアヌス帝の功績から紹介しましょう。

ユスティニアヌス帝は自分が法律を学んだということもあって、法の整備に力を入れました。元祖ローマ帝国以来のローマ法をまとめあげるために、即位して半年後にはもう準備にとりかかります。ローマの法律はこの時点で約一〇〇〇年の歴史をもつものになっていました。これまでの法律のみならず、過去における重要な法学説なども整理され、まとめられました。

いわゆる、「ローマ法大全」が完成しました（五三四年）。

ローマ法大全とは後世、そのように呼んだもので四つのものが含まれます。そのなかでユスティニアヌス帝の命でまとめたものは次の三つです。歴代皇帝の勅令をまとめた「勅法彙纂《ちょくほういさん》」（「勅法集」とも）、過去の学説、法解釈をまとめた「学説彙纂《がくせついさん》」（「学説集」とも）、皇帝が定めた初学者向けの教科書である「法学提要」です。それらにさらに、ユスティニアヌス帝の死後、ユスティニアヌス帝が出した勅令などをまとめた「新勅法」が加えられて「ローマ法大全」と呼ばれています。

「ローマ法大全」はその後、法制度の重要な基準となり現代にも残っています。ちなみに、フランスのナポレオンはまだ若くて貧乏なころ、この「ローマ法大全」を読破していたそうです。そして、いざ自分が民法典（一八〇四年公布終了。のちのナポレオン法典）を編纂する立場になったときに、暗誦していたローマ法大全の章句が口をついて出たというエピソードを残しています。

◉東ローマ帝国の繁栄の象徴

ユスティニアヌス帝が後世に残したものは他にもあります。ハギア・ソフィアと呼ばれた聖ソフィア聖堂です。

ハギア・ソフィアは四世紀に建てられた、元はキリスト教の大聖堂です。建てたのはコンスタンチヌス帝とも、その子コンスタンチヌス二世とも言われます。東ローマ帝国の繁栄の象徴です。

その聖ソフィア聖堂がニカの乱（領地奪回の戦費調達のための増税に対する反乱）で焼け落ちてしまいます（五三二年）。ユスティニアヌス帝は聖堂が焼け落ちてから三九日目には修復に着手します。ユスティニアヌス帝が威信をかけて、元の教会よりもはるかに壮大な姿として蘇らせました（五三七年）。五年半の歳月をかけて完成したとき、ユスティニアヌス帝は「ソロモンよ。我、汝《なんじ》に勝てり」と叫んだと言われています。ソロモンとは古代イスラエル王国の王のことで『旧約聖書』にも登場します。ソロモン王がヤハウェのために壮大な神殿を建てたことを意識しての言葉です。

聖ソフィア聖堂は、ビザンツ帝国滅亡後はオスマン帝国にモスクとして使われ、現在はモスクの形のまま博物館として公開されています。

ソロモンに勝ったと言ったユスティニアヌス帝も、ササン朝ペルシャには勝てません。ユスティニアヌス帝はササン朝ペルシャと永久平和条約を結びました（五三二年）。この条約の中身はというと、ササン朝ペルシャに貢納金を払うということです。要はカツアゲされているわけです。

この永久平和条約をペルシャのほうが一方的に破棄し、戦争になりました（五四〇年）。しかし、ユスティニアヌス帝はこのときもまた貢納金を払うことで許してもらっています。

ギリシャ・ローマのヨーロッパは自分たちが全人類の先進地域だと言っていますが、そのギリシャ・ローマはオリエントに毎回負けているのが実情です。チャイナも中国ウン千年の歴史と長さを偽ったところで、だいたいユーラシア大陸の騎馬民族にカツアゲされているのです。

カツアゲされながらもユスティニアヌス帝（在位五二七年〜五六五年）は帝位にあった約四〇年のあいだ、とにかく領土の拡大に力を入れました。その甲斐あってか、かつてのローマ帝国の版図が復活したようになることから、後世「大帝」とも呼ばれるくらいです。

ユスティニアヌス帝はベリサリウス将軍を派遣しヴァンダル王国を滅ぼします（五三四

年)。

ヴァンダル王国というのはゲルマン民族の一部族ヴァンダル人の国です。ヴァンダル人はゲルマン民族の大移動のときにローマを略奪していった人々です。ヴァンダル人は西ローマ帝国を略奪したあと北アフリカまで行って、かつてカルタゴが栄えていた地にヴァンダル王国を建てていました。一時強大になったヴァンダル王国はローマを占領し、シチリア島なども支配していたくらいです。

そのヴァンダル人を滅ぼしたということは北アフリカのゲルマン民族を駆逐し、かつてのローマ帝国の領土を取り返したことになるわけです。

◉大きな脅威となった疫病

東ローマ帝国にとって脅威は戦争だけではありません。疫病も大きな脅威の一つです。ペストが大流行しました（五四三年）。五四〇年頃、エジプトから広まったペストはその後六〇年ものあいだ、東ローマ帝国を混乱させることになります。その大流行がユスティニアヌス帝の在位のときであったことや、ユスティニアヌス帝自身も感染したことから「ユスティニアヌスの疫病」「ユスティニアヌスのペスト」などと呼ばれています。

ヨーロッパでは歴史的に見て人口が減るときはだいたい、戦争か疫病です。

ペストの流行で東ローマ帝国の国力はガタ落ちです。そんな状態でも、西との戦いになると負けません。ゲルマン民族の一派である東ゴート人と戦って勝っています。

ゴート人とはもともとバルト海沿岸に住んでいた人たちです。ゴート人が黒海まで南下したときに西ゴート人と東ゴート人に分かれます。西ゴート人がフン族に追われ、ローマ領内に逃げて行ったのがゲルマン民族の大移動の始まりとなりました。東ゴート人は、一度はフン族に征服されたものの、フン族が衰えるまでなんとかやり過ごし、東ローマの領内の現在のハンガリーにあたるところに移住した人たちです。

東ローマ帝国はこの東ゴート人のテオドリック王にもちかけて、あのオドアケルを暗殺させます。西ローマ帝国を滅ぼし東ローマ帝国に従属して王国を築いていたオドアケルです。

テオドリック王が率いる東ゴートはオドアケルを暗殺して、イタリアに入り、そこに東ゴート王国を建てました（四九三年）。この東ゴート王国はゲルマン諸国のなかではフランク王国と並ぶ大国になっていきます。ちなみに、「ゴシック」という言葉はもと「ゴート人の」という意味で、その語源になったのがこのゴート人です。

ユスティニアヌス帝が今度は東ゴート国を滅ぼそうとします。ヴァンダル王国を滅ぼしたときと同じようにユスティニアヌス帝はまたもやベリサリウス将軍をイタリアに派遣します。しかし、東ゴート王国もねばりの抵抗を見せました。

五五五年にようやく東ゴート国を征服したとはいえ、この戦争でイタリアは壊滅的な被害を受け、土地は荒れ飢饉が広がるという事態を招いてしまいました。

ユスティニアヌス帝はなんとかかつてのローマ帝国の領土を取り戻したとはいうものの、すでに満身創痍感が漂っています。

◉当時の社会を映し出すモザイク画

少し話題を変えて、美術の話をしましょう。

有名なモザイク画でユスティニアヌス帝の肖像画があります。ところが、この絵が平板な絵で、美大生が嫌がらせで描いた落書きのようなと形容したくなる立体感のない絵なのです。ズバリ言うとド下手です。しかし、この立体感のなさにはわけがあります。キリスト教の影響なのです。

当時は写実画が禁止されていました。カメラのようにそのまま写して描くということは、神の目を人間がもってしまうということなので許せないというのです。

ローマ帝国でキリスト教が公認され、国教になり、科学技術が廃れたと言いましたが、それは美術にも影響を及ぼしていました。立体的に描こうとすると数学的なセンス、素養

ユスティニアヌス帝のモザイク画
（サン・ヴィターレ聖堂）

が必要ですから。のちの、ルネサンス以降のものと比べると違いは一目瞭然です。レオナルド・ダ・ビンチのモナリザなどはまさに写真のような立体感のある絵です。ルネサンスとは「再生」を意味し、まさに「キリスト教以前の古代に帰ろう」という意味なのですから、当然といえば当然のことなのです。

東ローマ帝国が西を切り捨てて一番元気なときだと言っても、平板なモザイク画に象徴されるように、まともなことをやらせてもらえない社会なのです。東ローマ帝国、のちのビザンチン帝国がいくらたいしたものだといってもこんな程度なのです。

東ローマ帝国のユスティニアヌス帝が領土の回復に必死になり、ペストとも戦っていた時代。そのころ日本は第二九代欽明《きんめい》天皇（在位五三九年～五七一年）のころです。五三八年に百済の聖明《せいめい》王から仏教が伝わったのではないかと言われています。蘇我《そが》氏と物部《もののべ》氏の争いをやっているころです。

次に、そのころの日本も含めて見ていくとしましょう。

第六節　聖徳太子の素敵なラブレター♡

チャイナ大陸を捉えるとき、日本から見た東洋という視点が重要です。

この節では、隋がチャイナ大陸を統一したころのことを、とくに日本との関係で見ていきます。

チャイナ大陸の南北朝時代は北も南も、湧いては消え、消えては湧きと、ボウフラのように王朝が交代していました。それを全部まとめたのが隋です。

隋という新しい王朝は、できてから（五八一年）滅亡する（六一八年）までわずか三七年しか続きませんでした。南北朝を統一してからだと（五八九年）、たった三〇年です。その短い三〇年のあいだにめまぐるしく「中国史のパターン」を展開します。

建国してからすぐ地方軍閥が中央に乱入してしまいました。パターン1から7までいっきに飛んでしまったのです。これを1から7まで進んだと見たほうがいいのか、はたまた、1から7に戻ったと見るほうがいいのかはよくわからないのですが、相変わらず「中国史のパターン」から抜け出せないことだけは確かです。

◉大運河の建設と科挙の導入

もう少し詳しく見てみましょう。

隋を建てた楊堅《ようけん》（のちに、文帝《ぶんてい》）は北朝のほうの一つ、北周の武将で外戚でした（側近のやりたい放題。パターン5）。楊堅の娘が北周の皇太子妃になり、そののち皇后にもなりました。それと同時に、楊堅は外戚として最高位に就きます。次第に実権を握りはじめた楊堅に対して反発する者たちの反乱が起きました（パターン7）。

パターン5（側近のやりたい放題）とパターン7（地方軍閥の中央乱入）を同時にやって、北周の静帝《せいてい》から禅譲されて隋を建国しました（パターン1）。

隋を建国してから、文帝（楊堅）は大運河の建設にとりかかります。まずは長安と黄河を結ぶ運河・広通渠《こうつうきょ》（五八四年）、次に長江と淮河《わいが》を南北に結ぶ運河・山陽瀆《さんようとく》（五八七年）を造りました。この運河建設の事業はのちに息子の煬帝《ようだい》に受け継がれていきます（後述）。

チャイナは治水が統治者の命運を握っていると言っていいくらい重要な問題です。夏王朝を建てたとされる禹は治水での成功があったので、三皇五帝の最後の舜から禅譲されたと言われるぐらいです。禹は〝治水の神様〟とも呼ばれています。のちに人民をどれだけ殺したかわからない〝稀代の暴君〟の毛沢東でさえ、治水問題には取り組んでいます。

文帝が運河を造るということは本当は名君の証であるはずなのに、総合的にみるとこれは「皇帝のやりたい放題。たまに名君が出ることもある」（パターン4）ぐらいの段階です。

南朝の陳を征服して南北朝を統一します（五八九年）。これは対外侵略戦争を仕掛けるという、パターン3に相当します。

そして、五九八年、文帝（楊堅）は科挙を導入しました。これはパターンの4というところです。

科挙という言い方そのものは、のちの唐の時代に出てきたものです。しかし、制度としての科挙は文帝が作りました。文帝はそれまでの門閥《もんばつ》による役人の採用方法では優秀な人材を集めることができないので、学科試験によって選抜した者を役人に登用する制度を作りました。これが科挙です。中国では役人を選任することを「選挙」といい、学科によって「選挙」するので「科挙」と言われるようになったものです。もちろん、現代語の「選挙」とはまるで意味が違うので、ご用心ください。ちなみに、科挙の制度は清朝が日清戦争で負けるまで続けられました（一九〇五年に廃止）。

文帝が亡くなり、文帝の二男・煬帝《ようだい》（楊広）が皇帝になります（六〇四年即位）。

煬帝は文帝の二男として生まれました（五六九年）。煬帝の母は鮮卑族の人でした。煬帝の母だけではなく、煬一族そのものがじつは騎馬民族の鮮卑族だったとも言われています。

煬帝は北朝の北斉を攻めたときにめざましい活躍をしたことで文帝のおぼえがめでたく、兄の煬勇が皇太子から廃され、煬帝が太子に立てられます。

皇帝になってからは父が始めた運河の建設を継承しました。黄河と淮河を結ぶ運河・通《つう》済渠《さいきょ》を造りました（六〇五年）。この通済渠の完成によって、父文帝の時代に造られた運河と併せて、長安から長江までが水路で繋がりました。次に建設したのは黄河と今の天津付近を結ぶ運河・永済渠《えいさいきょ》です（六〇八年）。これは高句麗遠征のために造ったものです。そして、最後の長江と杭州を結びつける運河・江南河《こうなんが》を造りました（六一〇年）。このようにある程度いいこともやっているのです。しかし、裏を返せば比較的短期間でこれだけの大事業が行われたので、民衆にとってはかなり重い負担になりました。

治水ではかなりうまくやった煬帝にとって対外侵略戦争が鬼門になりました。

北方の突厥と戦ったときは勝利しました。しかし、高句麗と突厥が同盟を結ぶのを阻止しようと行った高句麗遠征に三度も失敗したのです。一回目（六一二年）は高句麗に大軍を送ったにもかかわらず、高句麗を完全制圧することができませんでした。二回目（六一三年）の遠征では後方で乱が起こり、これを鎮圧するために引き返さざるを得ませんでした。人心が離れ、乱が頻発するようになります。見事にパターン6（農民反乱の全国化）です。そして三回目（六一四年）の侵攻でも高句麗に完全に言うことを聞かせることはできませんでした。

煬帝は戦乱を避けて江都（揚州。揚子江の北）に移り、そこで贅沢な暮らしをしていたと伝えられます。煬帝はその揚州で臣下に殺され、隋は滅亡してしまいました（六一八年）。

隋はたった三〇年の短いあいだにさえ、慌ただしくもきっちりパターンを踏んだのでした。

◉絶妙のタイミングで渡した聖徳太子の国書

そんな隋の煬帝になんとも素敵なラブレターを贈ったのが、わが国の聖徳太子です。

六〇七年、聖徳太子が隋の煬帝宛てに贈った国書がそのラブレターです。第一回遣隋使として赴いた小野妹子《おののいもこ》がもっていきました。

その書き出しの文面「日出處天子致書日没處天子無恙」（日出《いづ》るところの天子《てんし》、書を、日没するところの天子に致す。恙《つつが》なきや）はあまりにも有名です。そしてこの表現が煬帝を怒らせたというわけです。

それまで大和朝廷はチャイナに対して朝貢の儀礼をとっていました。朝貢とは「交易」の意味です。皇帝の前に出た使者が臣下の礼をとります。たとえば日本の天皇の使者が皇帝の前に出ると、皇帝の家来と同じ作法をします。これをもって日本（の天皇）が中華皇帝に臣下の礼をとったと勘違いする人が居ますが、全然違います。たんなる外交儀礼（プロトコール）です。

この時代の大和朝廷は、「朝鮮で支配権をもっていることを認めてくれや」というような付き合いをしていました。これを中華帝国の側では、「倭の連中は、自分を朝鮮の連中よりも格上だと俺様に認めろということだな」と解釈していました。大和朝廷としては、「ま、そう思うならそれでいいけど」ということだったのですが。

ところが、このとき初めて、聖徳太子が隋に向かって「お互いに対等だ」と宣言したのです。

「日出るところ」とは日本のことで、「日没するところ」は隋のことです。「こちらは東のほうの日が出るところの天子で、おたくは西のほうの日が没するところの天子ですよね。お互い対等な天子ということでいきましょう」と、つまり「あなた皇帝、私天皇」呼び方は違うけど、わざと「天子」という言葉を使って、天子と天子で対等な関係だと言ったわけです。

この国書を煬帝に渡したタイミングも絶妙でした。

父・文帝の時代に始まった高句麗遠征（五九八年）から、隋と高句麗は戦争状態でした。しかも、文帝の高句麗遠征は大軍を率いて攻めたのにもかかわらず、梅雨の長雨と伝染病によってやむを得ず撤退しています。高句麗と戦って苦戦している煬帝は朝鮮半島の向こうにある大和朝廷を敵に回すわけにはいきません。そんな隋の弱みにつけ込んで、戦争することなく嫌味たっぷりに対等であるということを宣言したわけです。天子と天子で対等だなどという、煬帝にとっては腹立たしい内容であっても認めるしかありませんでした。

翌年（六〇八年）、小野妹子が帰国するとき、煬帝は裴世清《はいせいせい》（隋の官吏）を返礼の使者として同行させています。これは隋の煬帝が「和国」を対等の国であると認めたということになります。

◉聖徳太子不在説は詭弁の極み

聖徳太子はこういうことをやったので、中華帝国の支配に屈しない日本国の象徴のような存在なのです。聖徳太子がいることによって、日本の歴史がチャイナの属国ではなかったということになるのです。

それが許せない人たちがいます。だから、「聖徳太子不在説」というのが勢いを増してきています。不在説にもいろいろありますが、「厩戸皇子《うまやどのおうじ》はいたかもしれないけど聖徳太子はいなかった」などというのは、詭弁の極致です。

聖徳太子伝説の何もかもが本当のことだったというわけではありません。たとえば、七人の話を同時に聞いたというようなものが本当なわけはないのです。聖徳太子伝説のどの段階のものまでを本当だとして採用するかという議論であればまだいいのですが、何もかも否定して聖徳太子はいないとしてしまうのです。まともな結論は、聖徳太子伝説のすべてが本当だということではないが、すべてが嘘というのも言いすぎだということです。

余談ですが、聖徳太子といえば日本ではかつて紙幣にその肖像が使われていました。しかし、お札に使われていた肖像はじつは聖徳太子とはまったく違う、大陸の人だったという噂があります。それが理由で取り下げられたという説も囁かれています。

不在説について結論だけ述べておきます。何年か前、大山誠一という人が強硬に主張していました。それに対し美術史家から猛反論があり、それに対し大山氏は一つも答えていないようです。私も大山氏の本を一とおり読みましたが、どうも不在説は分が悪いと判断しました。今後、「聖徳太子不在説」を述べている本があれば、美術史家の批判に答えていれば誠実な学説、無視していれば不誠実、と考えてください。

ということで、本書は通説どおり、実在説に立ちます。

聖徳太子は仏教と神道の両方を保護した人でもありました。

仏教が日本に伝わってきたとき、受け入れようとする蘇我《そが》氏と、排除しようとした物部《もののべ》氏のあいだに争いがありました。そのとき、聖徳太子は蘇我氏のほうに加わって戦っています。このことから聖徳太子は神道を排除したと誤解する人がいるようです。しかし、そうではありません。そのあとも、推古天皇のもと、聖徳太子はそれまでの神道での祭祀も従来どおり行っています。

聖徳太子が法隆寺をはじめ多くの寺院を建て、仏教の振興に力を入れたのはよく知られるところです。

聖徳太子が神道も仏教もどちらも大切にした史実があるので日本では仏教の宗派も超えて、さらに神道の人たちまでも含めてみんな「聖徳太子は偉い」ということを否定しません。聖徳太子はみんながそのもとにまとまることができる、そうした存在でもあります。

第六章　世界の大激動と東西衝突

第一節　イスラム教の登場

七世紀は世界的に大激動の時代です。東西がぶつかり、世界が巻き込まれていきます。日本も例外ではありません。

七世紀の大激動をもたらした主人公とも言うべきはイスラム帝国です。

イスラム帝国の源、イスラム教の誕生から見ていきます。

イスラム教の開祖といえば、ムハンマド（かつては、英語式の綴りや読み方からマホメットと記された）ですが、聖徳太子と同時代の人です。

ムハンマドは五七〇年頃、メッカの大商人の家に生まれました。メッカは現サウジアラビアにあるイスラム教の最高の聖地とされる都市です。サウジがイスラムの盟主の如く振る舞う理由の一つが、開祖の生まれた国であるという誇りです。

ムハンマドが生まれたハーシム家はクライシュ族の一員です。クライシュ族はアラビアの部族のなかでも名門の部族で、メッカの支配者層でもあります。六歳で孤児になったムハンマドは祖父や叔父のもとで育てられ、優秀な商人になっていきます。

ムハンマドが二五歳ぐらいのとき、一五歳年上の裕福な未亡人ハディージャと結婚しま

7世紀のアラビア半島

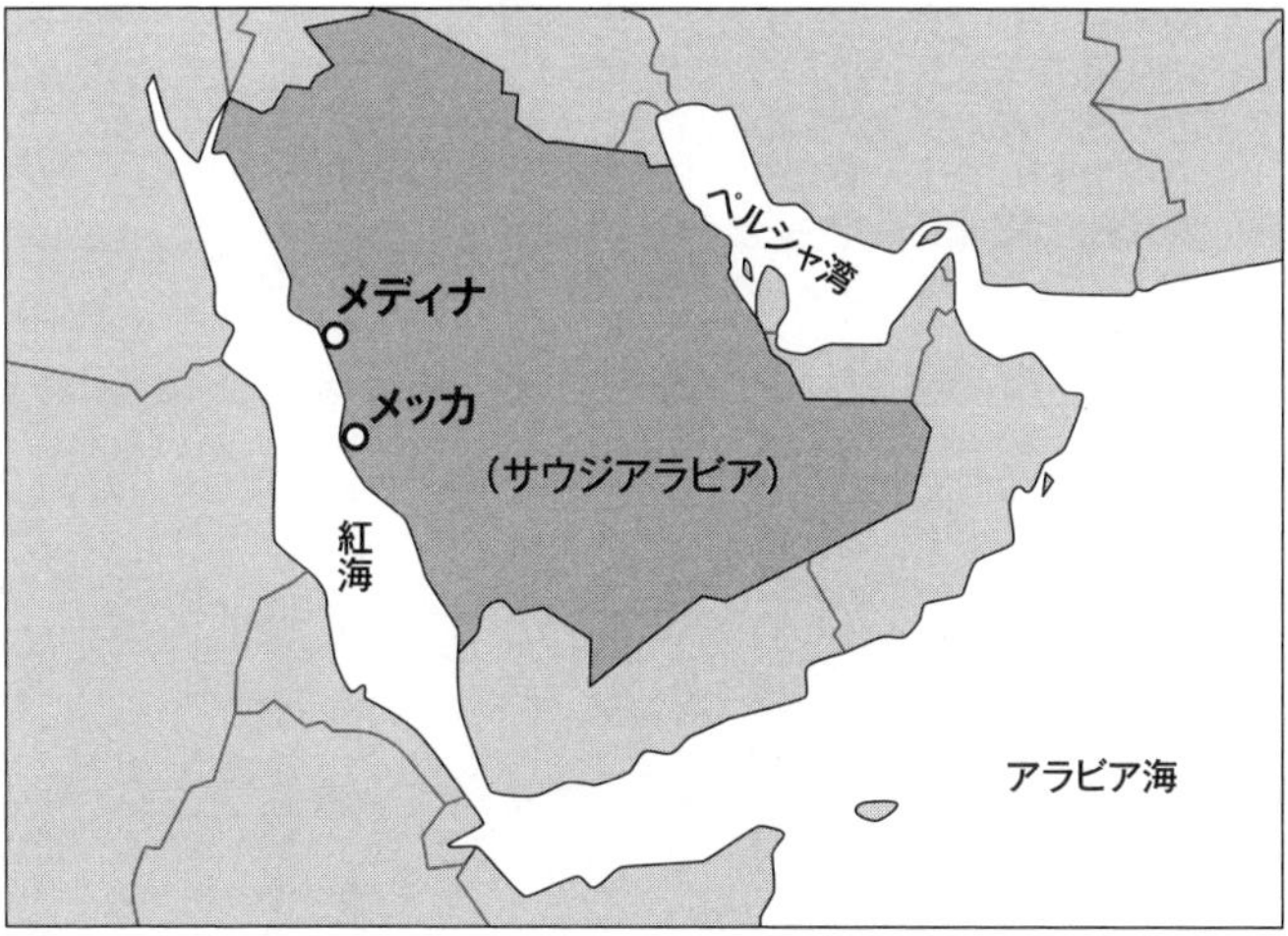

した。ハディージャは自分も商売をバリバリやっている人でした。そんなハディージャがムハンマドの正直で誠実な人柄と商人としての素質を見込んで自分のほうから結婚を申し込んだといいます。ハディージャとの結婚でムハンマドの運が開けていきます。

　ムハンマドが最初に結婚した相手はこのハディージャです。でも、妻はハディージャ一人ではありませんでした。ムハンマドが生涯のうちにもった妻の数は一三人だそうで、そのうち正式に妻と記録されている人が一二人だそうです（渥美堅持『イスラーム基礎講座』東京堂出版）。ちなみに、同時期にそれだけの妻がいたわけではありません。

　ユダヤ教などはムハンマドが複数の妻をもっていたということから、イスラム教を淫祠《いんし》邪教だと見なしていました。こうしたこともその後のイスラム教弾圧に大きく影響したようです。

イスラム教では今も一夫多妻制で平等に扱えるなら四人まで妻をもつことが認められています。その理由の一つには寡婦を救済するためという意味合いもあるそうです。しかし、それが本来の目的なのか、後付けの理由なのかどうかはわかりません。

◉四〇歳で神の啓示を受けたムハンマド

そのときは突然やってきました。六一〇年、ムハンマドに神の啓示がなされたのです。ムハンマドが四〇歳のときのことでした。

そのころ、ムハンマドはメッカの郊外ヌール山にあるヒラーの洞窟に籠もり瞑想にふけることが多くなっていたといいます。そんなある日、瞑想しているムハンマドの目の前に天使ジブリールが現れてアッラーの言葉を伝えました。天使ジブリールとは、キリスト教でも三大天使と呼ばれるうちの天使ガブリエルのことです。キリスト教ではマリアにイエスの降誕を知らせたのがガブリエルです。ユダヤ教、キリスト教、そしてイスラム教で神の使いである天使は共通しています。ちなみに、三大天使とは、このガブリエルとミカエル、ラファエルのことです。

天使ジブリールに導かれ、ムハンマドの口から出た言葉はのちにコーランの内容になるような、完璧で奇跡と思われるようなアラビア語だったそうです。最初にこれを聞いた妻のハディージャはそれが神（アラー）の言葉で、ムハンマドが神の啓示を受けたことを信じました。なぜならムハンマドが生まれてこのかた嘘をついたことのない正直な人だったこと、そして何よりムハンマドの口から出てくる言葉が見事な文体や旋律をもったアラビア語だったというのが神の言葉だと確信させたようです。ろくに字も書けない無学のムハンマドが独力では到底作り得ないようなものだったからです。

妻のハディージャをはじめ、従兄弟《いとこ》など、ムハンマドの周りの人が次々とその言葉を神の言葉だと信じました。イスラム教徒の誕生です。イスラム教徒とはアッラーを唯一の神と信じ、ムハンマドが預言者、すなわち、創造主であるアッラーの使徒であることを信じる人のことです。

ムハンマドが神の言葉として伝えることは「アッラーのほかに神はなし」と、これまで行われてきた部族の信仰を否定するところから始まります。それを受け入れる人ばかりではありません。むしろ当然ながら、クライシュ部族に代表される、メッカの大商人たちはこれを自分たちに対する挑戦であり、自分たちの社会を破壊するものであると捉えました。いわゆる旧勢力の人たちがムハンマドを弾圧しはじめます。

何度も命を狙われたムハンマドはわずかな信者とともに、メッカを脱出します。行き先はヤスリブという町です。ヤスリブはのちにメディナ（「特別な町」の意。他にも「マディーナ・トル・ナビー＝預言者の町」という名でも呼ばれた）と呼ばれるようになります。ムハンマドがメッカを出てメディナに移ったことをヒジュラ（聖遷）と呼んでいます。

ヒジュラ暦とも呼ばれるイスラム暦（月の満ち欠けを基準とする太陰暦）はムハンマドがメッカを離れたその日を紀元として作られました。イスラム暦紀元元年は西暦では六二二年にあたります。

ムハンマドはメディナに移り、アッラーの言葉を伝えていきます。こうして、イスラム教団（ウンマ）が作られていきました。

◉「聖戦」の本来の意味は一所懸命努力すること

イスラム教にとって何より大事なことはアッラーの律法です。イスラム教の世界とはアッラーの律法によって統治される世界のことにほかなりません。それを維持するためには人々のイスラム教徒としての連帯感が不可欠です。

イスラム教は人々の連帯感を高めるためにいろいろなことをするようになります。たとえば、ラマダンです。ラマダンとはイスラム暦第九の月に行う断食のことで、その期間は夜明けから日没まで何も口にしないというものです。これなどは多分に〝体育会系〟なものです。新興宗教であるイスラム教は既成宗教に対抗するために、体育会系的なやり方で連帯感を高めていると言えるでしょう。

ムハンマドたちがメディナに移って間もないころに、またアッラーの啓示がムハンマドになされたといいます。ムハンマドたちを迫害した者たちとの戦いが許されたというのです。

そこからムハンマドのジハードが始まります。

ジハードは今日本語で「聖戦」と訳されています。しかし、もともと戦いを意味する言葉ではなく、一所懸命努力するというような意味だったのが、このとき以降「剣によるジハード」すなわち戦いをも意味する言葉になったと指摘されます（小杉泰『イスラーム帝国のジハード』講談社）。何にせよ、ジハードもイスラム教団の連帯感を高めるものだったのは確かです。

ムハンマドはジハードを展開しました。その結果、イスラム教団がどんどん大きくなっていきます。ムハンマドのジハードを見てみましょう。

六二四年、ムハンマドはわずか三〇〇余りのイスラム教団の兵を率いてメッカの支配勢力クライシュ族の隊商を襲い、戦利品をせしめました。ムハンマドの最初の勝利、バドルの戦いです。

翌六二五年、メッカ軍がバドルの戦いの報復を仕掛けてきました。ウフド山（メディナ近くの山）の麓でイスラム教団がメッカ軍と戦います。このときムハンマド自身が負傷するなど、イスラム教団は大敗しました。

さらに六二七年、今度はメッカ軍がメディナに攻め入ってきました。ムハンマドがメディナから追い出したユダヤ教徒の部族も加わっています。ムハンマドはメディナの町の外側に塹壕《ざんごう》を築いて敵を迎え討ちます。塹壕を築いて戦うなどはこれまでのアラブの戦い方にはありませんでした。敵方は攻めあぐね、とうとうこの塹壕を突破することができず撤退しました。塹壕（ハンダク）を築いて戦ったので、ハンダクの戦いと言われています。

ムハンマドはこの戦いのあと、メディナに残っていたユダヤ教徒の部族に対して厳しい処分を行いました。その部族がメッカと内通していたというのがその理由です。成人男子は処刑され、子女は奴隷として売られました。これはイスラム教とユダヤ教とのあいだに今もしこりとなって残っていると言われています。

ハンダクの戦いから三年後の六三〇年、ムハンマドは一万人のイスラム教徒を率いてメッカに入ります。すっかり戦意を失っていたメッカ軍を降伏させました。ムハンマドはカーバ神殿に祀られていた多神教の偶像を片っ端から取り除いていきました。偶像は三六〇体を数えたといいます。そのなかでもとくにクライシュ族が崇拝していた像は念入りに破壊され、あとのものは焼かれてしまいました。

ムハンマドがメッカを征服したのです。

このあと、アラブ人の諸部族が続々とムハンマドの言葉を受け入れ、イスラム教徒になり、ムハンマドはそうした部族を支配し、アラビア半島を統一しました。

◉商業で栄えたところで成長した宗教

ムハンマドの人生をよくよく見ていくと、ムハンマドはマーケティングがうまい経営者です。宗教家というのは大体、最初にドーンと決めたことはずっとそれで突き通すようなところがありますが、ムハンマドはそうではありません。こういうことを言えば受けるだろうと実際やって、失敗したらしたで引っ込めるというように、試行錯誤することが多いのです。

コーランなどでも「やっぱりこれはやめていいよ」というのが出てきたりしています。礼拝の方向などもそうです。メディナに移った当初はユダヤ教のやり方を取り入れてイェルサレムのほうを向いて拝んでいました。しかし、アッラーの啓示があった六二四年の後は、それがメッカに変えられたという具合です。

メッカもメディナもアラビア半島にあって、今のサウジアラビアにあります。サウジアラビアはイスラム教発祥の地なので結構原理主義的なところがある国です。女性の人権などあったものではないというところです。

イスラム教は本質的に、商業で栄えたところに生まれ育った宗教で、商人的な発想の商人の宗教と言えるでしょう。コーランの章句にもそれが具体的に現れます。

たとえば、コーラン第二章二四六節に「アッラーに善き貸付けをする者は誰か。アッラーはその者のためにこれを倍加すべし」という表現が出てきます。この「貸付け」という語句もそうですが、商業用語での表現がなされます。

そしてその欄外の解説には「アッラーの大義のためにお金を使う事は神に金を貸すようなものであると言っている。これは公明正大な理由で費やされた金銭は無駄使いとはみなされないことを意味している」（モハマッド・オウェース著、小林淳訳『聖クルアーン』イスラム・インターナショナル・パブリケーションズ）とあるのを見ると、ますますその感が深まります。

小室直樹氏もコーランの章句に沿って「イスラムはアッラーのことを商売の論理で語る」（『日本人のためのイスラム原論』集英社インターナショナル）と指摘しています。

六三二年、イスラム教を一代で作った預言者ムハンマドが亡くなります。ムハンマドが亡くなった後も、その跡を継いだ者たちが敵対する異教徒にどんどんジハード（聖戦）を仕掛けていき、勢力範囲を広げ、イスラム教団はもっと強くなっていきます。

カリフと呼ばれる人たちがムハンマドの跡を継いでいきます。カリフはもともと「神の預言者の代理人」という意味で、つまり「ムハンマドの後継者」を意味する言葉です。よく勘違いされますが、「神の代理人」ではありません。

◉理想的だった正統カリフの時代

そのカリフたちがムハンマドを継承する時代（六三二年～六六一年）を、正統カリフ時代と言います。イスラム教団が四代のカリフによって率いられていた時代です。イスラム教徒にとっては理想的な時代だったと考えられています。すなわち、預言者ムハンマドが死んだその後も、その教えが厳しく守られ、イスラム教団のなかから正しく選ばれたカリフが治めていた時代だという考えです。

初代カリフはムハンマドの義父アブー・バクルでした（在位六三二年～六三四年）。二代目はウマル（在位六三四年～六四四年）、三代目はウスマン（在位六四四年～六五六年）、そして、正統カリフ時代四人目にして、この時代最後のカリフがアリー（在位六五六年～六六一年）です。

初代のアブー・バクルがカリフだった二年間はムハンマドが死んだ直後ということもあり、イスラム教団が分裂しそうになるのを食い止め、内部を治めることに費やされました。

二代目ウマルの時代にジハードがどんどん外へ展開されていきました。その主なところを見ておきましょう。

シリアに進出し（六三三年）、ヤルムークの戦いでビザンチン帝国（東ローマ帝国）を破ります（六三六年）。これはのちにビザンチン帝国がシリアから撤退することに繋がった戦いでした。

カーディシーヤの戦いではササン朝ペルシャと戦い大勝し、イラクを奪いました。ササン朝ペルシャに対する最初の勝利です（六三七年）。

ビザンチン帝国（東ローマ帝国）からはイェルサレム（六三八年）、シリア（六四〇年）、エジプト（六四二年）を次々と奪います。ビザンチン帝国からすれば大打撃でした。シリアは一大貿易都市のダマスカスを擁する帝国内の中心地域であり、エジプトはエジプト文明以来の先進地域です。

また、両都市はどちらも大穀倉地帯でもあったので、ここを取られたことによって、ビザンチン帝国はローマ帝国以来続いていた小麦の配給を停止せざるを得なくなりました。

イスラム勢力の拡張

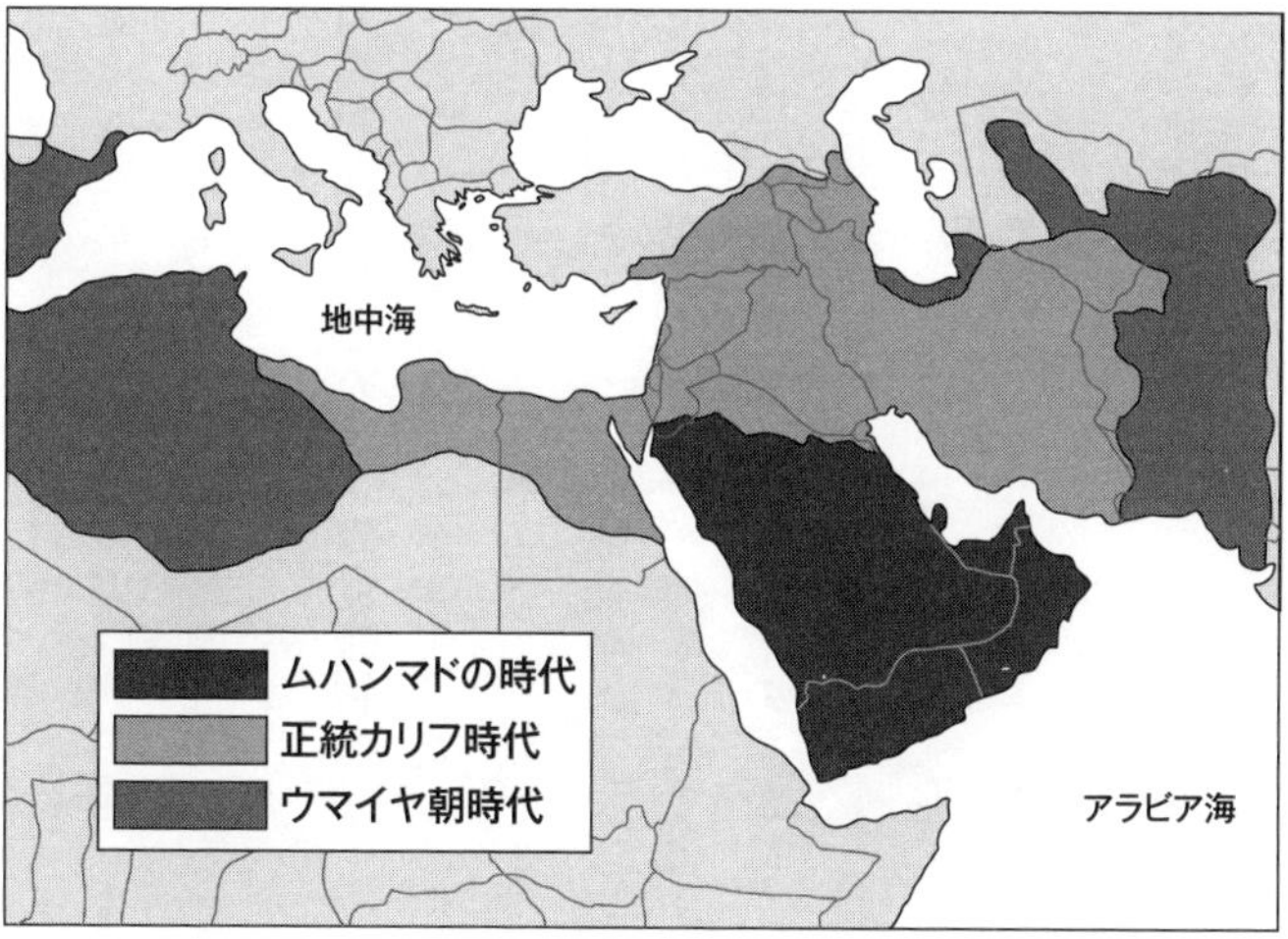

シリア、エジプトを奪われたビザンチン帝国は残りカスのようなバルカン半島とトルコだけになってしまったのです。まだこの時代のトルコは、のちに見るようなめざましい発展をしていたわけではありません。それでもバルカン半島に比べればマシです。

再度、ササン朝ペルシャと戦ったニハーヴァンドの戦い（六四二年）は歴史的な戦いになりました。イスラム教団が西アジア全域を支配する大帝国になった戦いです。イランを制圧し、イランのイスラム化が進みました。のちに、ササン朝ペルシャの最後の王ヤズダギルト三世が従者に殺害されて、すっかり王家の血も絶え、ササン朝ペルシャは滅亡しました（六五一年）。

イスラム暦が制定されたのもウマルの時代

でした。

そうした華々しいウマルの時代の後、カリフになったのが第三代のウスマンです。ウスマンはのちにイスラム帝国を建てるウマイヤ家の出身です。

◉内部対立を経てカリフの世襲制へ

ウスマンの時代にコーランが成立します。コーランはムハンマドの言動が記録されまとめられたもので、イスラム教の教典です。コーランはいろいろな言語に翻訳されていて、先ほど引用したように日本語にもなっています。しかし、アラビア語で書かれたコーランだけが正式なコーランで、他の言語で書かれたものは参考程度としての扱いです。

ウスマンの時代はイスラム軍のなかにウマル時代からの不満に加え、新たな不満が溜まっていきました。

先代ウマルの時代とは違い、拡大していくための戦いもあまりなく、戦利品が入らないことも大きな原因の一つでした。また、ウマルの時代に採用された俸給制に対する不満がウスマンに向けられます。さらにウスマンの人事がウマイヤ家を偏重していると批判が集まります。結局最後にウスマンが反乱軍によって殺害されてしまいました。

第四代で最後のカリフ、アリー（在位六五六年〜六六一年）はムハンマドのいとこであり、女婿でもありました。そのアリーも暗殺されます。正統カリフ時代のカリフは初代のアブー＝バクルを除いて、他三人はすべて暗殺されています。理想的だとされる正統カリフ時代からすでにイスラム教団の内部に激しい対立があったことを物語るものです。

アリーが暗殺されたあと、主導権を握ったのがウマイヤ家のムアーウィヤという人です。

ムアーウィヤはシリアの総督を務めていました。そのときから、第四代カリフ・アリーと対立し、自分でカリフを名乗っていたのです。

唯一のカリフとなったムアーウィヤがイスラム教団を牛耳りました。これ以降、カリフはイスラム教団のなかから選ばれるのではなく、世襲されていくことになります。

ここに、アラブのイスラム国家で、世襲による王朝が初めて成立しました。ウマイヤ朝（六六一年〜七五〇年）です。一四代にわたるカリフが全員ウマイヤ家出身だったので、そう呼ばれます。

ウマイヤ朝の都はシリアのダマスカスに置かれました。そこから、西アジア、中央アジア、北アフリカ、さらにイベリア半島にまで版図を拡大し、三〇年くらいのあいだに絶頂期のローマ帝国を超える巨大帝国になってしまいます。強大で、凶暴な国の出現です。

そのころの日本は大化の改新（六四五年）という大政治改革をやっています。中大兄皇《なかのおおえのおう》子《じ》（のちの第三八代天智《てんじ》天皇）と中臣鎌足《なかとみのかまたり》（のちの藤原鎌足《ふじわらのかまたり》）が蘇我入鹿《そがのいるか》を暗殺します。天皇家の外戚として権力を振るってきた蘇我氏を滅ぼし、天皇親政の国になりました。そこから日本国が誕生する時代に入っていきます。

「日本国が誕生する」とはどういうことを意味するのか。次節で詳しく見ることにしましょう。

第二節　白村江の戦いと国民国家・日本の誕生

激動の七世紀の様子を今一度、俯瞰しておきましょう。

イスラム教団が大きくなりウマイヤ朝というイスラムの大帝国を築いたことは先ほど見たところです。

いつも強かった中央ユーラシアの北方騎馬民族は少し弱くなっています。朝鮮半島は高句麗と新羅の二強時代に突入していく時代です。

チャイナ大陸にも唐という大帝国ができていました（六一八年）。唐も隋に続いて、北方騎馬民族が中華帝国を乗っ取った国だと最近では言われています。だとすると、チャイナ大陸に漢民族の国はいったいいくつあったのかということになります。チャイナ大陸がまとまっているときというのは、たいてい、異民族の国ができているときです。漢民族が支配しているときではありません。このことからも、チャイナ大陸のことをひとまとめに中国と言ってはいけないことがわかります。

◉四段階に分けて唐の時代を見る

まずは、チャイナ大陸にできた大帝国・唐を押さえます。

唐の時代の約三〇〇年をどう見るかは諸説あります。それを大きく四つに分けて、初唐（建国六一八年～玄宗即位前年の七一一年）、盛唐（玄宗即位七一二年～七六五年）、中唐（七六六年～八三五年）、晩唐（八三六年～九〇七年）として見るのが一般的です。ここでもそれを意識しながら見ていくことにします。

唐が建国される少し前、隋の末期から初唐にかけてのことです。

李淵《りえん》という北方騎馬民族・鮮卑系の武将が隋の文帝に仕え、北西防衛にあたっていました。李淵は文帝の甥にあたるとも言われています。

隋末期、各地で反乱が起きていました。李淵は突厥を討伐に向かうものの、失敗します。その失敗で李淵は煬帝から逮捕されそうになります。息子の李世民《りせいみん》らの勧めもあって、逮捕されるくらいなら挙兵したほうがマシとばかりに隋の都に乱入します（六一七年）。李淵は煬帝の孫・恭帝《きょうてい》を立てました。翌年、煬帝が暗殺されたのに伴い、恭帝から禅譲され、唐を建国します（六一八年）。建国はしたものの、このときはまだ全土にわたって支配したのではありません。

そうこうするうちに、李世民（第二子）が自分の兄と弟を殺害し、父の高祖《こうそ》（李淵）を退位させ幽閉する玄武門《げんぶもん》の変が起き、李世民が即位しました（六二六年）。第二代皇帝・太宗《たいそう》です。

父や兄弟との権力闘争に勝ち、自分が皇帝になってしまう……どこかで聞いたような気がします。誰かに似ています。隋の煬帝です。これにはカラクリがあります。煬帝のことを記した歴史書『隋書』は太宗の勅令で書かれたものです。

チャイナの正史はワンパターンで、「前の王朝は徳をなくしたから、天命が移り今の王朝ができた」と必ず書かれます。当然、煬帝は極悪非道に書かれると決まっています。

本書で、中華世界において「歴史書を書くのは政治の勝者の特権だ」と何度も述べました。太宗の立場に立てばどうでしょう。「俺は煬帝とは違う」と主張しないわけがありません。

そもそも、楊広（煬帝の本名）には「明帝」という立派な諡号《しごう》がありました。それを「煬帝」と変えるところからプロパガンダが始まっているのです。煬帝の「煬」の字には悪逆無道な意味があります。

明帝と言わず煬帝と呼んでいる時点で、われわれもプロパガンダに加担していると自覚すべきでしょう。しかも、「帝」の字も「ダイ」と読み、楊広を「テイ」と読まない唯一の中華皇帝にしてしまいました。何気なく使っているようで、しかも事実特定に忠実かつイデオロギーや政治的立場から無縁な実証主義を気取りながらも、歴史家が迂闊にプロパガンダに加担してしまう。歴史とは、そういうものだという実例です。

◉治世だけは有能だった太宗

さて、話を当時に戻しましょう。

太宗《たいそう》は権力闘争の部分では残忍で凶暴なことをしたのですが、こと治世に関してはとても有能でした。比較的善政を敷いたので「貞観《じょうがん》の治《ち》」と言われるくらいです。

六二八年には、太宗はいろいろな反乱分子や周辺民族を叩きのめし、天下統一を果たします。性格の悪さと政治家としての能力は別物です（煬帝も、明君の諡号をされたくらいですから、当時の人は実力を認めていたのです）。

太宗を支えた臣下たちも優秀でした。名臣と言われる人が多くいました。また、そのころの太宗は彼らの直言に素直に耳を傾けていたといいます。ちなみに、貞観の治と言われる時代の太宗と名臣たちの政治をめぐるやりとりをまとめた『貞観政要《じょうがんせいよう》』という書物は日本でも長いあいだよく読まれました。源頼朝、北条政子、徳川家康なども愛読し、戦前の官吏にとっては必読書とされていたくらいです。

太宗の時代のエピソードの一つです。

『西遊記』の三蔵法師のモデルになった玄奘《げんじょう》（げんぞう、とも）がインドで仏教を学んできたのは太宗の治世でのことでした。

日本ではなぜか三蔵法師を華奢《きゃしゃ》な感じの女優が演じてきたので、細いイメージがあるのですが、実際の玄奘はかなりマッチョな、腕っ節の強い人だったそうです。玄奘が長安とインドを往復する様子を想像するだけでも、それはおおいに納得できます。参考までにご紹介しましょう。

玄奘がどうしてもインドに行って直接仏教を学びたいとの思いを募らせていたころ、唐の国では個人が外国に行くことは禁じられていました。玄奘が行く許可を得ようと願い出るものの、空しく却下されます。

しかし玄奘の思いは募る一方です。ついに無許可のままインド行きを決行します。玄奘、二六歳のときでした。そこからが苦労の連続です。昼は目立つので移動できません。夜になるのを待って移動するということを繰り返しインドにたどり着きました。憧れのインドで五年間、仏典の研究に没頭します。

そして、たくさんの仏典を背負って長安に戻りました（六四五年）。インドでの五年の滞在を含めて、玄奘のインド往復仏教修行の旅は一六年（一説には二〇年とも）にも及ぶものだったそうです。

◉二代にわたる皇后の実権掌握で混乱を招く

太宗の時代に日本から遣唐使が行きます。第一回の遣唐使は犬上御田鍬《いぬかみのみたすき》らが派遣されました（六三〇年）。唐で太宗に謁見したとの記録があります。犬上御田鍬は小野妹子と共に遣隋使としても行った経験がある人です。犬上御田鍬らが帰国するとき、太宗は唐から高表仁《こうひょうじん》らを同行させています（六三二年）。

遣唐使はこのあと、白村江《はくすきのえ》の戦い（このすぐあと詳述）などで中断されることがあったものの、菅原道真《すがわらのみちざね》の建言で廃止される（八九四年）までの約二六〇年間に一五回派遣されることになります。

唐は、第三代の皇帝高宗《こうそう》（在位六四九年〜六八三年）の時代を迎えます。高宗は太宗の子です。

高宗は、西は西突厥（西トルキスタン）を滅ぼし（六五七年）、東は百済（六六〇年）、高句麗（六六八年）を次々と滅ぼし、南はベトナムにまで進出し、唐王朝としての最大の版図を築きました。

しかし、版図を広げた高宗は病弱なこともあり、晩年は政治を自分の皇后である則天武后《そくてんぶこう》に任せてしまいます。これが、のちに「武韋の禍《ぶいか》」と呼ばれる混乱を招くことになります。武韋の禍とは、則天武后とその次の代の皇后韋后《いこう》の二代にわたる皇后が政治の実権を握ってしまったために、混乱をきたしたことを指します。

則天武后が高宗の皇后になってから実権を握ったさまが、あたかも高宗を簾《すだれ》の後ろから操るかのようなので「垂簾《すいれん》の政《せい》」と呼ばれています。皇后になったのが六五五年で、実権を握ったのは六六四年頃からではないかと見られています。

そして、高宗の死後、則天武后は自らが皇帝として即位します（六九〇年）。チャイナの史上初にして唯一の女帝の誕生です。

則天武后の話はまだまだあります。しかし、ここではもう一つだけ、チャイナの三大悪女に則天武后が数えられていることだけを付け加えておきましょう。他の二人はあの「人豚の刑」をやってしまった劉邦のヨメと清の西太后《せいたいごう》です。ときには、酒池肉林をした殷《いん》の紂《ちゅう》王の妃・妲己《だっき》が仲間入りすることもあるようです。

◉百済の滅亡で日本に危機が迫る

高宗が百済を滅ぼしたとき（六六〇年）の日本への影響を見ておきましょう。

日本の宮廷内は朝鮮半島の情勢をどう捉えるかで異なる意見があり、常に対立していました。一つはもう朝鮮半島のことは放っておいてよいとする意見です。その背景には隋がぼろぼろのときではあったけれど、日本は聖徳太子が事実上の独立宣言をしたのだからという考えがあります。それに対してもう一つは、やはり朝鮮半島を唐に取られたなら九州が危ないから放ってはおけないとする意見です。

大化の改新も突き詰めれば朝鮮政策、大陸政策をめぐっての争いだという説があるくらい、意見の対立は激しいものがありました。

日本国内がああでもないこうでもないと、うだうだやっているうちに、高宗が日本の傀《かい》儡《らい》国家のような百済を滅ぼしてしまいます。日本に友好的な百済が滅ぼされ、朝鮮半島は新羅という、日本に敵対的な連中のものになってしまったのです。

日本史上最初の危機です。

高宗が百済を滅ぼしたとき、百済の王・余豊璋《よほうしょう》が日本に亡命していました。この王子を押し立ててなんとか百済を復活させようと、六六三年に日本は唐・新羅連合軍に対して遅まきながら戦いを仕掛けます。白村江の戦いです。言うなれば、古代史のパールハーバーアタックです。

結果は大敗でした。

大敗ということだけにガックリするのではなく、少し冷静になって見渡してみるといろいろなことが見えてきます。

東アジアの運命を決する白村江の戦いに高句麗は参加していません。なぜなら、高句麗は朝鮮ではないからです。ここまで何度か書いてきたように、高句麗は満洲人が北朝鮮を押さえている騎馬民族の国なのです。もっとも、その筋の研究者に聞くと、高句麗と今の北朝鮮はやっていることや性格の悪さなどがそっくり同じなので、高句麗を朝鮮人の国だと勘違いしそうになるということでした。

ここで、白村江の戦い（六六三年）と高句麗が滅ぼされた（六六八年）ときの唐を見ると、表向きはたしかに高宗の治世なのですが、実権を握っているのは則天武后だというのがわかります。白村江の戦いは則天武后が実権を握った（六六四年）と言われる一年前ですが、皇后の地位にある則天武后が高宗を操っていたことは充分考えられるというものです。

いずれにせよ、大陸は唐が支配し、朝鮮半島は新羅が支配し、日本に敵対的な連中が目

唐の領土と白村江の戦い

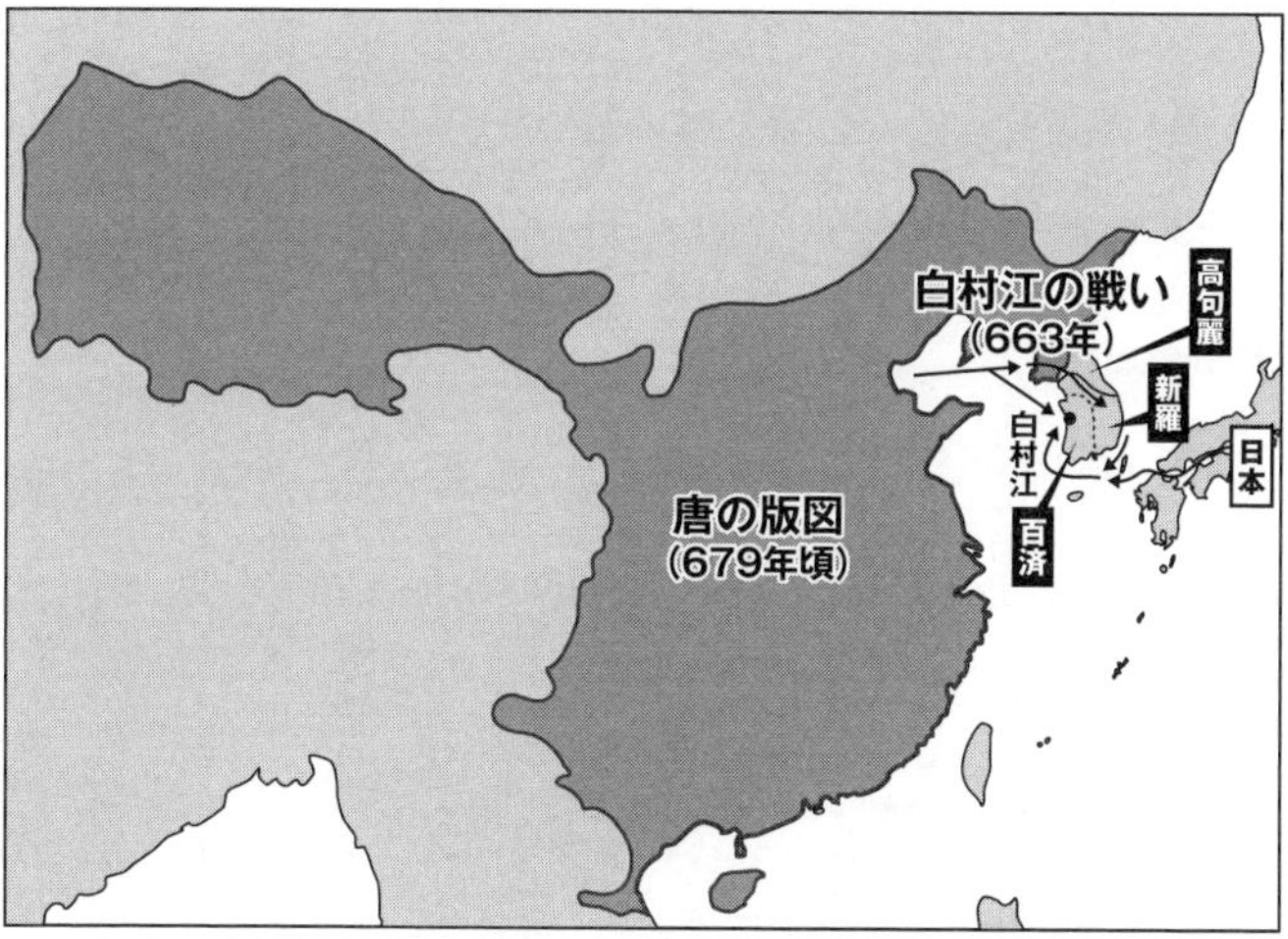

の前まで来てしまったわけです。ただ、唐は東のほうに来るばかりではなく、西のほうにも勢力を伸ばし、チベットなどと戦いながら拡大路線をとっています。新羅にしても、唐が後ろ盾になっているときは日本に対して居丈高で威張り散らすのですが、唐が西方のことで手をとられているときには平城京まで謝りにくるという低姿勢を見せるのです。

◉状況急転で防衛態勢を強化する

そこで、白村江の戦いに負けた日本はどうしたか。

朝鮮半島には一切関わらないと決めました。百済に傀儡政権を樹立して、大陸からの防壁にするということを諦めます。ということは、日本列島が防衛の最前線になるということ、いきなり本土決戦を覚悟しなければなりません。

そう決めたと同時に唐や新羅の攻撃に備えて急いで防衛態勢を整えます。九州・太宰府に水城《みずき》という砦を造り、対馬、壱岐、筑紫に防人《さきもり》と烽《とぶひ》を配置しました。

白村江の戦いに負けた後すぐに、水城を築きはじめています（六六四年）。

水城は太宰府に築かれた防衛施設です。要は堤防のようなものです。基底部の幅が八〇メートル、高さが一三メートルを超えるものが、全長一・二キロメートルにわたって築かれ、その外側（博多湾側）に幅六〇メートル、深さ四メートルの堀を造り、そこに水が蓄えられ敵の侵入を防ぐという仕掛けです。一四〇〇年近く経った今も、その水城は残されています。今は道路や線路で所々寸断されてはいるものの、どれだけ防衛に力を入れていたかがわかります。

そして、防人の配置は国家防衛そのものでした。

防人《さきもり》は六四六年頃から配置されていたようですが、白村江の戦いの後に制度化されました。そして、防人を地元北九州の者だけでなく、当時の日本の東の端にあたる関東からも連れていき、任にあたらせているのです。もちろん、関東の若者が屈強だったからということもあります。しかし、それだけが理由ではありません。そうすることで、その地を地元の人だけが守るのではなく、日本を日本が守るのだということになるからです。これが国家防衛そのものだと言った理由です。ちなみに防人を「さきもり」というのは、もともとが「崎守」だったからです。

烽《とぶひ》とはいわゆる狼煙《のろし》です。その場限りにあげるだけのものではなく、そのための設備と人員が配置されました。原則として約一二キロごとに置かれ、山頂に壇などを築き、草や薪を燃やして火や煙で次々と伝えていくシステム、それが烽です。

こうした日本に対し、唐は攻めてくることができませんでした。むしろ北方の騎馬民族や西方のチベットとの抗争に忙殺されます。

日本は白村江の戦いで戦術的には負けました。しかし、かえって防衛態勢は強固になりました。負担だった半島を捨てて、かえって強い国になったのですから、戦略的にはむしろ勝っています。

◉大陸、半島との関係を断って日本国が誕生した

反対に新羅などは戦術的には勝ち馬に乗ったのに、戦略的には戦わずして負け組になっているのです。新羅は朝鮮半島のなかでは比較的軍事政権色が強い政権なので、自分より強い奴とは戦わないということがわかっていたようです。だからこそ、唐のバックアップが見込めなくなると、途端に卑屈になります。

のちの時代に『古事記』（七一二年成立）、『日本書紀』（七二〇年成立）、『万葉集』（七五九年頃成立）に見られる日本のかたちの原型はもうこのころできていたということです。『万葉集』ならば、上は天皇から下は乞食まで同じ『万葉集』に歌が載せられています。同じ日本人という意識があるわけです。

これがチャイナや朝鮮なら、王侯貴族が自分の土地に住んでいる人民を同じ人間だなどとは思っていません。とくに朝鮮などは自分の人民よりも中華宮廷の人たちのほうが同じ人間だと思うわけです。そして、そうした考えのほうが世界では圧倒的多数派なのです。ヨーロッパで同じ人間なのだという考えが出てくるのは、ナポレオン戦争のときで、一九世紀になってやっとのことです。どう短く見ても、日本の意識は一二〇〇年以上先をいっていたわけです。

朝鮮半島・チャイナ大陸との関わり合いを断つ！　とスパッと決めて、日本は日本国民の国家になっていきました。日本国が誕生したとはそういう意味です。日本が日本として出来上がっていくというのが七世紀という時代です。

聖徳太子で日本はもう中華の子分じゃねえと言い、干戈《かんか》を交えて戦術的に負けはしましたが、防衛態勢を整えることによって一致団結した強い国ができました。戦略的に勝ったとはこのことです。それが日本の七世紀です。

第三節　中央ユーラシアの〝関ヶ原〟、タラス河畔の戦い

激動の七世紀に力をもった西のイスラム帝国と東の唐帝国がユーラシア大陸で直接ぶつかるのが、八世紀です。

まずは東西両方の帝国の詳細を見てから、対決のとき、そしてその余波と順を追って見ていくこととします。

イスラム帝国のほうからです。

ムハンマドがアッラーの啓示を受けて始まったイスラム教が広がり、ムハンマドの跡を継いだ正統カリフ時代に勢力圏を伸ばしました。さらにその後、カリフがウマイヤ家に世襲されるようになってから、より一層巨大化したのがウマイヤ朝のイスラム帝国でした（第六章第一節）。

◉アラブ至上主義と言われたウマイヤ朝の統治

ウマイヤ朝をもう少し詳しく見ておきましょう。

カリフが世襲されることになったことで、イスラム教団に争いが生じます。カリフの地

位をめぐる争いです。ウマイヤ朝のカリフを認める立場を取るのがスンニ派です。それに対して、正統カリフの第四代アリーの子孫だけしかカリフとして認めないという立場を取るのがシーア派です。

ウマイヤ朝初代のカリフ・ムアーウィヤが亡くなると対立が激化し、ついに両派が衝突しました。カルバラーの戦いです（六八〇年）。アリーの後継者であるフサインがシーア派の後押しもあって、ウマイヤ朝に対して反乱を起こしたのです。

しかし、ウマイヤ軍に敗れ、フサインは殺害されてしまいました。フサインの死は「カルバラーの殉教」と呼ばれ、フサインの亡くなったカルバラー（バグダッド近郊）はシーア派にとっては聖地です。以後、イスラム教団内でシーア派は少数派になっていきます。

この反乱以降もしばらくのあいだ、ウマイヤ朝はなかなか安定しませんでした。そうした不安定な時期に、またもやウマイヤ朝に反旗を翻す者が出てきました（六八三年）。しかし、第五代カリフ・アブド＝アルマリクがこれを押さえ、混乱を収拾したことでウマイヤ朝の支配が固まりました。領土拡大はここから始まり、大帝国を築いていきます。

ウマイヤ朝のイスラム帝国はイベリア半島まで渡っていき（七一一年）、西ゴート王国を滅ぼしています（七一三年）。これ以降、七〇〇年間（地域によっては八〇〇年間）、イベリア半島はイスラム教の支配下にありました。七〇〇年というと日本でなら三つの幕府が続いたくらいの期間です。今でもスペインにはイスラム教建築が数多く残っていて、イスラム教の影響がいかに大きかったかがわかります。

イスラム帝国も帝国ですから、多くの多民族を抱えていました。後々、これがウマイヤ家の滅亡の原因になっていきます。

ウマイヤ朝の統治の仕方はアラブ至上主義と言われるやり方でした。それが甚だしかったのでウマイヤ朝はアラブ帝国と呼ばれるくらいです。

征服の先鋒として戦ったアラブ人たちが特権階級になり、支配層になっていきました。征服された人たちは二つの層に分けられました。一つは、イスラム教に改宗した人たち（マワーリー）で、もう一つはイスラム教に改宗しない、他の宗教をもつ人たち（ズィンミー）です。最下層は奴隷とされる人たちでした。

イスラム教に改宗しても他民族に対する差別は歴然としていました。アラブ人と比べるとその差は一目瞭然です。たとえば、税です。アラブ人が収穫の一〇分の一を税として納めればいいのに対して、異民族のイスラム教徒（マワーリー）は収穫の半分を納めなければなりませんでした。同じイスラム教徒なのにこの大差です。

帝国内でアラビア語を公用語とした（六九五年）のもアラブ至上主義を象徴しています。このときペルシャ人の役人がアラビア語では計算ができないと抗議したにもかかわらず、認められなかったといいます。

ウマイヤ朝のアラブ至上主義に、とくに不満を募らせていったのが異民族のイスラム教徒たちです。イスラム共同体のなかでイスラム教徒は平等なはずなのに、現実は違ったからです。

ウマイヤ朝のカリフを認めないシーア派も反体制派のなかに生まれました。

いろいろな層の不満が高まるなか、アッバース家によるクーデターが起こります。アッバース家の当主アブー＝アル・アッバースがカリフを名乗り、ウマイヤ朝の最後のカリフ・マルワーンを倒しました（七五〇年）。

アブー＝アル・アッバースはその後、ウマイヤ家を絶やすためにあまりにも徹底的に粛清を行ったので、アッ・サッファー（流血者）と呼ばれています。

アッバース家はムハンマドの叔父アル・アッバースの子孫です。アッバース家のアブー＝アル・アッバースが初代カリフとなり、アッバース家が世襲でカリフとして支配する、アッバース朝イスラム帝国が成立しました。

アッバース家とシーア派はウマイヤ朝を倒すことでは一致していたものの、カリフをめぐってはけっして歩み寄れません。アブー＝アル・アッバースは徹底的にシーア派を弾圧することになります。

一方で、アッバース朝はウマイヤ朝時代の不満を解消すべく税制改革を行ったり、法を整備したりするなどアラブ人と非アラブ人のあいだにあった差別をなくす努力をしています。

◉チャイナ史上初の女帝となった則天武后

さて、今度は東に目を向けて、チャイナ大陸の唐を見てみましょう。

この前の節でも、唐の二代目皇帝・高宗の皇后、則天武后が白村江の戦いのときにも影響を及ぼしたのではないかということや、高宗が高句麗を滅ぼした（六六八年）というところまで見ました。その前後からです。

則天武后が女帝であっても「中国史のパターン」の例外ではありません。皇后になって、ひとたび実権を握ると政敵や恩人などを粛清しにかかります（パターン２「功臣の粛清」）。

則天武后は高宗が崩御（六八三年）したときに、すべての反乱を鎮圧しました。朝廷の実権を握っていることを見せつけたかったこうです。

さらに、則天武后は二人の実子、中宗《ちゅうそう》、睿宗《えいそう》（中宗の弟）を相次いで廃帝にし、自ら皇帝として即位してしまいます（六九〇年）。チャイナ史上初の女帝の誕生です。自らを聖《せい》神《しん》皇帝と称しています。国号も周と改められました。古代の周と区別するために武周《ぶしゅう》と呼ばれることもあります。則天武后が武一族の出身であるところからそう呼ばれるのです。都を洛陽に置いたものの、「神都」と名前を変えてしまいました。やりたい放題をやったついでに自分で漢字を創作し、則天文字と称しています。見事なパターン4（皇帝のやりたい放題。漢字の改変などを行う）です。もちろん、質と量においてそれまでの漢字に置き換わるほどの字を作ったわけではありません。たとえば、日本でのちの時代、水戸光圀が使った「圀」の字はじつは則天文字なのです。

則天武后は容赦なく人を殺す一方で、皇后の時代から仏教の保護にはとても熱心でした。また、公共事業などにも力を入れてきた結果、国全体が豊かになり領土も広がっています。

そんな則天武后も晩年は病を得て退位しました。息子の中宗が重祚《ちょうそ》し、国号を唐に戻しました（七〇五年）。則天武后がこれだけ滅茶苦茶なことをやっても唐という国にはそれほど響かなかったようです。則天武后のあとに唐は全盛期を迎えるのですから。

復位した中宗の皇后韋后《いこう》が則天武后の真似をして実権を握ろうとします。韋后は「武韋の禍」と言われたもう一人の人です。韋后は実の娘と結託して、中宗を毒殺してしまいます（七一〇年）。しかし、皇帝殺しの女二人はその年のうちに捕らえられ、殺害されます。

それを実行したのが中宗の甥にあたる李隆基《りりゅうき》（中宗の弟睿宗の子）です。

この隆基こそ、唐の中興の祖と言われ、唐の全盛期を築くのちの玄宗《げんそう》皇帝です。

隆基は皇帝殺しの二人を処分し、父睿宗を復位させました。睿宗も重祚したことになります。

父睿宗帝は息子隆基に譲位します。玄宗皇帝の誕生です（七一二年）。

玄宗の皇帝としての在位は四四年間に及ぶものでした（在位七一二年～七五六年）。その前半は「開元《かいげん》の治」（開元は七一三年～七四一年）と呼ばれるくらい、安定した時代でした。則天武后の悪夢からようやく立ち直り、皆がいい時代だと感じていたころです。

玄宗の若いころにはこんなエピソードがあります。スポーツ好きで、そのころ流行っていたポロ（馬上のホッケー）に熱中していたといいます。また、音楽にも才能があったようです。なにしろ自分で管弦楽器を演奏し楽団まで作っていたとのことで、その楽団の名前が「皇帝梨園弟子」というもので、演奏していた場所のそばに梨の木がたくさんあったことから付けられたとか。今日本の歌舞伎界を「梨園」というのもここからきた言葉だそうです。

晩年の玄宗は世界の三大美女の一人と言わるほどの楊貴妃《ようきひ》に溺れるあまり、政治を疎かにしてしまいます。

楊貴妃は玄宗の息子の妃でした。それを玄宗が見初《みそ》め、自分の妃にしたのです。玄宗が五六歳、楊貴妃が二二歳のときのことでした。「貴妃」とは妃のなかの最高の位です。楊一族出身の貴妃なので楊貴妃と呼ばれました。

玄宗は政治などそっちのけで、楊貴妃を伴い長安から遠く離れた温泉地に入り浸っていました。そんな玄宗に代わって政治の実権を握るのが楊貴妃の一族です（パターン5「側近のやりたい放題」）。

◉唐王朝衰退のきっかけとなった「安史の乱」

こうした政治の腐敗のなか、節度使《せつどし》の安禄山《あんろくざん》と史思明《ししめい》らが起こしたのが安史《あんし》の乱（七五五年）です。

節度使とは辺境の防衛にあたっていた兵士たちの司令官のことです。節度使は令外官《りょうげのかん》（律令の規定にない官職）で辺境防衛の責任を負う代わりに行政権が与えられ、次第に権力をもつようになっていきました。

乱を起こした節度使の安禄山は父が突厥の武将で、母も突厥の人だというイラン系のソグド人だったようです。名前も「アレクサンダー」とも読めます。体重が二〇〇キロ前後あるような肥満体で、両脇を誰かに抱えてもらわないと歩けなかったそうです。そんな一方で、玄宗の前では軽やかにソグド人の踊りを披露したと言われる人でした。楊貴妃に気に入られ、その養子になっていたとも、愛人だったとも言われます。玄宗が楊貴妃の心を繋ぎとめるためにおなかが地面につくようなデブの安禄山との浮気を認めていたという話もあります。安禄山は楊貴妃を通じて玄宗にも取り入っていたようです。

そしてついには帝位を奪おうと、乱を起こします。安禄山とその部下の史思明の名をとり、安史の乱と呼ばれます。

安史の乱で、反乱軍が唐の都・長安にまで迫り、そのまま唐が滅亡するのではないかというところまでいきました（パターン7「地方軍閥の中央乱入」）。肝心の皇帝、玄宗はこのとき楊貴妃と西のほうに逃げています。しかし、安禄山も、そして安禄山のあとを引き継いで反乱の指揮をとった史思明も相次いで反乱軍の内ゲバで殺され、反乱軍は自滅していきます。唐側もウイグルの支援を得て持ち直し、なんとかこの反乱を抑え込みました（七六三年）。しかし、安史の乱は唐王朝が衰退していくきっかけとなったのです。

玄宗は家臣全員から楊貴妃を捨てて、昔の玄宗に戻ってほしいと懇願されるまでになってしまいました。捨てるというのは殺すことです。やむなく、玄宗は楊貴妃に自殺を命じたといいます。玄宗の最後の願いは楊貴妃を拷問にかけず、せめて楽に死なせてやってくれというものだったのではないでしょうか。

白居易《はくきょい》の『長恨歌』は玄宗と楊貴妃の悲劇を描いたものです。平安時代の日本の貴族も『長恨歌』がずいぶんと好きだったようで、これもまた長く読み継がれました。

少し時計の針を戻します。玄宗のもとで全盛を誇った唐が陰りを見せはじめたころ、〝中央ユーラシアの関ヶ原〟、東西天下分け目の決戦、タラス河畔《かはん》の戦いが起きます。安史の乱が起こる少し前、七五一年のことです。

アッバース朝イスラム帝国と唐が中央ユーラシアのタラス河畔で戦います。タラス河畔といっても広範囲です。両者が戦った場所がどことは、はっきりと特定されていないようで、現在のカザフスタンのタラズ市付近ともキルギスのタラス付近とも言われています。いずれにしても、タラス河の近くだということです。

タラス河畔の戦いが起きた直接の原因は唐の節度使・高仙芝《こうせんし》がその任にあったとき、タシュケントの王を捕らえ虐待を加えたことが発端でした。その王が逃げおおせ、アッバース朝に助けを求め、それに応じたアッバース軍（二〇万人）が唐軍（一〇万人）とぶつかったのです。結果はアッバース軍の圧勝でした。

◉中央アジアをめぐる攻防は文明の拡散でもあった

この戦いによってもたらされたことはいろいろあります。

8世紀の世界

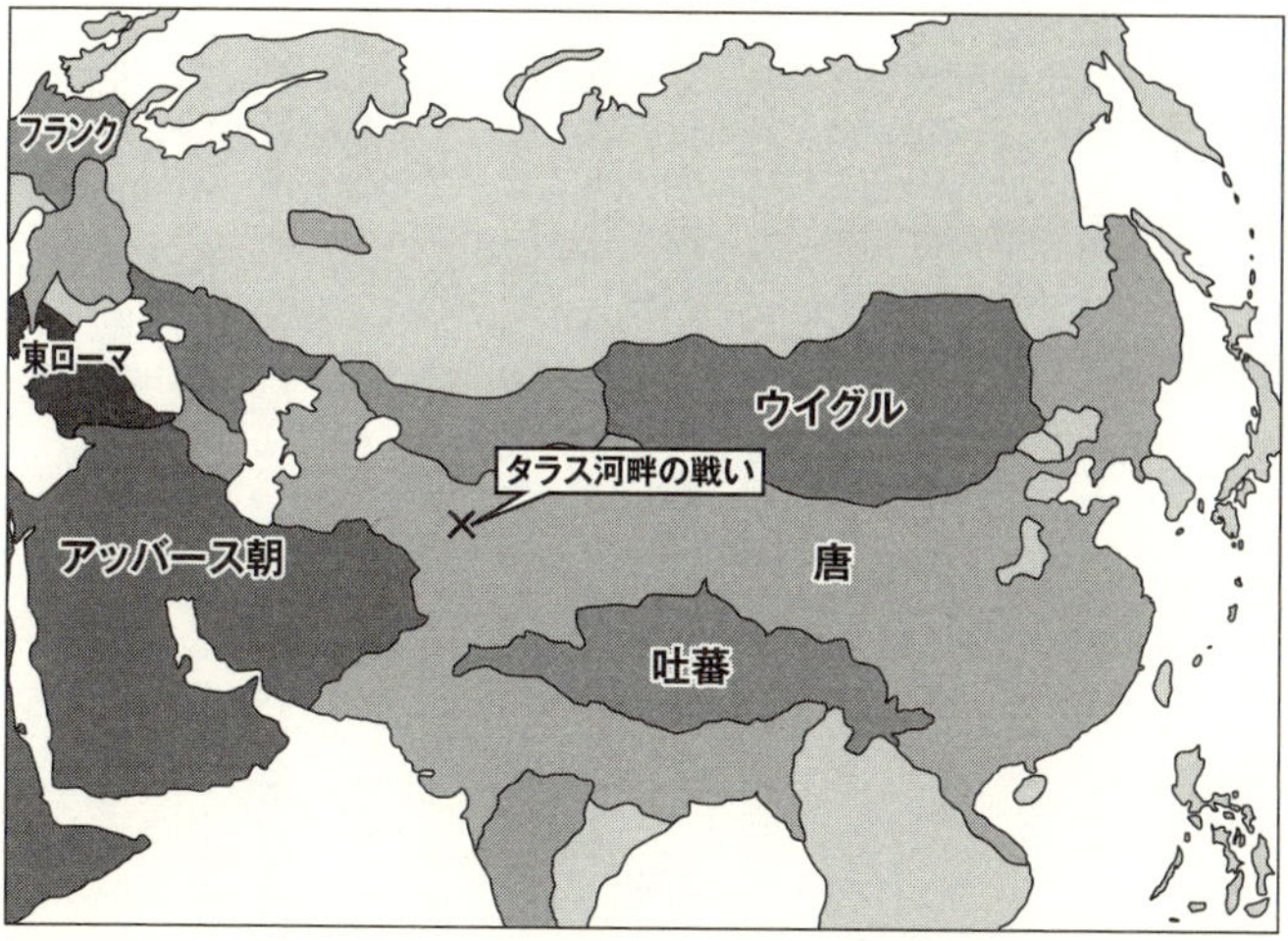

まず、唐は西に版図を広げていましたが、この大敗で中央アジアからの後退を余儀なくされます。それとは反対にイスラム教が中央アジアまで入り、イスラム化していく端緒を開くことになりました。イスラム帝国はユーラシアからアフリカまでの交易路を確保したということです。

人類全体に影響を与えたことがあります。製紙法が西に伝わっていきました。

アッバース軍に捕らえられた唐の捕虜のなかに、製紙の技術をもつ者がいたのです。製紙の技術がサマルカンド（ウズベキスタン）に伝えられ、そこに製紙工場が建てられました（七五七年）。そこからさらに今のイラク、シリア、エジプトに次から次へと伝わるとともに、製紙工場が建てられ、ついにヨーロッパまで伝わりました。

ヨーロッパに製紙法が伝わったのが一番早いフランスで一二世紀です。紙が発明されてからじつに一四〇〇年後のことでした。

製紙技術が伝えられ、紙が使われるようになると、それまでの羊皮紙やパピルスは使われなくなっていきました。ちなみに、日本に製紙法がチャイナ大陸から伝わったのは六一〇年で、タラス河畔の戦いとは関係ありません。日本では製紙法が伝わったのち原料、製作技術などに創意工夫を加え、和紙として独自に発展しました。

タラス河畔の戦いはいろいろな点で世界史的に意義のある戦いだったのです。

さて、そのころの日本はというと、奈良の東大寺の大仏開眼がなごやかに営まれていました（七五二年）。第四五代聖武《しょうむ》天皇のときです。

聖武天皇は光明《こうみょう》皇后と共に仏教を熱心に信仰し、保護していました。聖武天皇は少々宗教マニア的なところがあり、全国に国分寺、国分尼寺を建て、そのなかで東大寺の大仏も建立したのです。

奈良の東大寺の大仏のご尊顔は、もしかすると則天武后に似ているかもしれないと言われています。

東大寺は日本の華厳宗《けごんしゅう》の総本山です。東大寺の大仏は華厳宗の本尊毘盧遮那仏《びるしゃなぶつ》です。

華厳宗はもともと中国からきたものです。そして、奈良の大仏を造るときに原型とされたものが唐の高宗と則天武后によって建てられた寺にある大仏なのです。その大仏が則天武后の顔に似せて造られていたというので、間接的に東大寺の仏像もひょっとするとひょっとするかもしれないということなのです。

当時の平城京はコスモポリタンな都市だったということがわかっています。大仏の開眼供養を執り行ったのはインドの僧でした。また、キリスト教の異端とされたネストリウス派の教えも入っていたわけですから、それを伝える人たちも当然外国から来ていたことでしょう。

第四節　辺境の雑魚、フランク王国

いよいよ、古代も終わりにさしかかってきました。

ここで再び西に目をやり、ヨーロッパが暗黒の中世へと入っていくさまを眺めておくことにします。

ローマ帝国の東が西を切り捨てた（四七六年）あと、西のほうではさらに分裂が分裂を繰り返すような状態が続いていました。格好良く言えば群雄割拠、正直に言えば雑魚どもがひしめいていた、そのような状態でした。

そのなかの一つ、フランク王国を取り上げます。フランク王国はトランプのハートのキングのモデルになったカール大帝（シャルルマーニュ）を出した国でもあります。

フランク王国はゲルマン人の一派のフランク人の国です。フランク人はもともとライン川の東側に住んでいる人たちでした。五世紀になってゲルマン人の大移動の際に北ガリアに侵入していています。

◉ローマ＝カトリックと手を組んだフランク王国

フランク人には支族が二つありました。サリ族とリブアリ族です。そのサリ族のメロヴィング家のクローヴィスという人が部族を統一し、侵入していったガリアの地に建国したのがフランク王国です。

フランク王国は辺境の蛮族のなかでも、かなり早くできた王国です（四八一年）。統一したクローヴィスが初代国王になり、フランク王国最初の王朝、メロヴィング王朝（四八一年〜七五一年）が始まりました。

クローヴィスはさらにガリアを統一しながら領土を広げ、アルプス方面にまで手を伸ばそうかというそのときに、重大なことが起きました。

クローヴィスがローマ＝カトリックに改宗したのです（四九六年）。有り体に言えば、クローヴィスがカトリックと組んだのです。

クローヴィスからすると、個人の信仰上の理由からではなく（多分）、非常に政略的な意味合いが強い改宗です。すなわち、領土を拡大していくときにカトリックを最大限利用しようというわけです。

フランク人を含めて、ゲルマン人はもともと自分たちに固有の信仰をもっていました。ゲルマン人の固有の信仰とローマ帝国で異端とされたアリウス派の考えに親和性が高かったと見えて、ゲルマン人の国の多くはアリウス派の教えを受け入れていました。ところが、フランク王国だけはまだ古くからの自分たちの信仰を持ち続けていたのです。

ここへきて、クローヴィスがローマ帝国で正統とされ、国教になったアタナシウス派の考えを受け入れて改宗したということは、アリウス派という異端を信仰する周りのゲルマン人の国に、「異端」を理由に戦いを仕掛けられるということを意味するわけです。反対にローマ帝国と同じ信仰をもつことで、旧ローマ帝国の人をはじめ、ローマのものを取り込める下地ができたことをも意味します。

初代の王クローヴィスはこうしてフランク王国が発展していくための礎を築きました。

イスラム軍が西に勢力を伸ばし、イベリア半島に上陸して西ゴート王国を滅ぼした（七一三年）のは先に見たとおりです（第六章第一節、第三節）。そのイスラム軍がさらにその先、ピレネー山脈を越えてフランク王国に迫ってきます。

フランク王国がこれを追い返したのが、トゥール・ポワティエの戦いです（七三二年）。フランク王国側、すなわちキリスト教徒側から言うと、イスラム軍にポルトガル、スペインは取られたけれど、フランスまでは取られなかったという戦いで、大勝利したということではしゃぎ気味です。しかし、一方のイスラム教徒側からするといつものように戦利品をせしめたら撤退しようと考えていて、撤退もいわば想定内で、なんら特別な戦いではなかったようです。

このとき、フランク王国側でイスラム軍撃退に力を尽くしたのが、宮宰《きゅうさい》のカール＝マルテルです。宮宰とはもともとは執事のようなものだったのが、このころには総理大臣兼宮内大臣のような役職で、日本で言えば太政《だじょう》大臣のような地位で権力を伴うものでした。騎士たちを率いた宮宰カール＝マルテルが七日間の激闘の末、イスラム軍を追い出しました。マルテルは「鉄槌」という意味の渾名です。イスラム勢力を撃退したことと、そのあとの活躍からそう呼ばれるようになったようです。

カール＝マルテルはカロリング家の出身です。カロリング家は代々メロヴィング王朝フランク王国の宮宰を務めた家です。このあと、このカロリング家がメロヴィング家に代わってフランク王国の王になっていくので、カロリング家についてもう少し記しておきます。

◉メロヴィング王朝の実権を握ったカロリング家

カロリング家の祖は大ピピンと呼ばれるピピン一世で、カール＝マルテルからすると曾祖父、つまり、ひいおじいさんにあたる人です。大ピピンがメロヴィング王朝の宮宰を務めるころはすでにメロヴィング朝の内輪もめが激しくなっていました。これを大ピピンは宮宰として手腕を発揮し収めています。また、メロヴィング朝の王たちは暗愚なばかりか、酒浸りになる者もあって統治能力に欠けるので、実権は宮宰のカロリング家が握るようになっていくのです。

大ピピンの娘の子、つまり大ピピンの孫がピピン二世です。ピピン二世は中ピピンとも呼ばれます。

中ピピンこと、ピピン二世がカール＝マルテルの父親です。中ピピンも宮宰を務めます。それまで宮宰は複数存在したのですが、中ピピンは他の宮宰との戦いに勝ち抜き、カロリング家がメロヴィング王朝唯一の宮宰となり、実権を掌握しました。

そして、次の代の宮宰カール＝マルテルの活躍は先ほど見たとおりです。この人は中ピピンの側室の子でした。

カール＝マルテルの息子が小ピピンこと、ピピン三世です。大ピピンから言えば玄孫《やしゃご》にあたる小ピピンは「短軀王《たんくおう》」とも呼ばれ、背が低かったことから小ピピンと呼ばれるようです。高祖父の大ピピンと対照させただけの呼び方ではないようです。

小ピピンも最初は父カール＝マルテルと同じように宮宰を務めていました。あるとき、小ピピンがローマ教皇に実力のある者が王になってもいいものだろうかと尋ねたところ、当時のローマ教皇ザカリアスがそれは正当であると認めてしまいます。これはローマ教皇がどれほど強い権力をもっていたかを示しています。すなわち、「よしわかった。お前、今日から王になれ」と勝手に王朝交代させてしまうくらいの権力なのです。ローマ帝国末期からローマ教皇の権力は絶大なものになっていました。こういうことがあるから、皇帝は西を捨てて、東のコンスタンチノープルに遷都したのですが。東ローマ帝国に捨てられた西欧地域で、ローマ教皇は無敵の存在です。

ローマ教皇のお墨付きを得て、小ピピンがメロヴィング朝に取って代わって、フランク王国カロリング朝を開きました（七五一年）。それから三年後、小ピピンは遠征して手に入れた土地をローマ教皇に寄進します。「ピピンの寄進」と呼ばれるこの一件はフランク王国とローマ教皇の強い結びつきを物語るものです。

カール大帝の戴冠（ジャン・フーケ画）

小ピピンの子がシャルルマーニュ、のちのカール大帝です。

カールが父の小ピピンの跡を継ぎフランク王になりました（七六八年）。国王ということはkingで同一民族の長なのです。その後、カールは戦争に勝ち続けます。

◉国王を陰で支配するローマ教皇

八〇〇年、ローマ教皇レオ三世がカールに冠を授けました。フランク王国の国王になっただけのカールにローマ教皇が「皇帝になれ。お前は国王じゃねえ。これからは皇帝だ」と冠を無理矢理かぶせているわけです。

このとき、ローマ教皇レオ三世から冠を戴いたことは西ローマ帝国の皇帝が復活したことを意味します。

レオ三世にしてみれば、シャルルマーニュはとてつもなく大きな世俗の力をもった存在です。軍事力や土地をもっているので、シャルルマーニュに対して「お前は私の弟子なのだ」と洗脳しておくわけです。

フランク王国とローマ教皇の関係を見ると、一見、フランク王国側がローマ教皇の権威を利用したように見えるのですが、じつはローマ教皇側がそう見せかけておいて、世俗の実力者を予め洗脳しておいてから、権力を固めさせ、専制君主として強くしておいてから自分がその独裁者の上に君臨するという手口です。

国王をマインドコントロールによって支配していたのがローマ教皇でした。すべての黒幕はローマ教皇だったのです。

ローマ＝カトリックを信仰する、西ローマ帝国の皇帝が復活したので、西ローマ帝国も復活です。

西洋人の歴史だと、ローマ帝国は西のほうが常に中心で、ローマ教皇は絶大な存在のように言われていますが、あくまでも五大幹部の一人でしかありません。この時点でも東ローマ帝国のほうが首位権をもっているのです。ローマ教皇にとっての最大のライバルは東ローマ帝国なのです。そのライバルに対して、とりあえず西ローマ帝国の帝位は認めさせました。アーヘン条約で東ローマ帝国がカールの帝位を承認したのです（八一二年）。

ローマ教皇に利用されていたカール大帝も亡くなります（八一四年）。カール大帝が死んでから三〇年でフランク王国はまた分割されます（ヴェルダン条約。八四三年）。くっついては分割されというのをひたすら繰り返すだけです。

日本の学校の世界史の授業で、フランク王国のことなどを覚えさせられるのは可哀想です。世界史の中心と何の関係もないところの、くっついたり、離れたりの繰り返しを学ぶことが、日本人にとって何の意味があるのか、ということですから。

アンリ・ピレンヌというベルギーの歴史学者がこのころのことを、こんな言葉で言い表しています。

「ムハンマドなくしてシャルルマーニュなし」と。

ピレンヌのテーゼと言われる新説のエッセンスが詰まった言葉です。すなわち、それまで通説で言われてきたように、ゲルマン人の移動が古代ヨーロッパに変化をもたらして中世への引き金になったのではなく、それは「イスラムの急激な進出」によってなされたものであるという考えです。

イスラム抜きのヨーロッパ史というのはかなり偏っているということです。ヨーロッパを見るときは、イスラムの辺境だというふうに見ないとわからなくなってしまいます。今はまったく逆の見方がなされ、イスラムがヨーロッパ辺境のように見られています。そういうふうに見ていては、なぜ今、逆転して、イスラムよりもヨーロッパのほうが強いのかという歴史がわからなくなります。

◉「千年の都」と「千年王国」の大きな違い

そのころの日本は第五〇代桓武《かんむ》天皇（在位七八一年〜八〇六年）のときです。平安京を造営し、遷都しました。平安京は、本当は一一〇〇年続いているのに、なぜか「千年の都」と称されます。ヨーロッパで「千年王国」といえば、目指すもので実現したためしはないのですが、わが国では平安京が都であった時代だけで軽く一〇〇〇年を超えています。

桓武天皇の崩御のとき、桓武天皇の功績を『日本後紀《にほんこうき》』は「当年の費《つい》えといえども後世の頼り」（目先のことだけを考えれば無駄なことだが、長期的な視野に立てば大きな功績であった）と記しています。

ちなみに、〝平安〟といえば、イスラム教を日本語にすると「平安教」という意味になるそうです。アッラーに服従して平安を得るということを意味するのだとか。

桓武天皇の場合は功績がいくら大きくても性格は最悪ですから、とても平安とはいきません。なにしろ、臣下に忠誠心の証として美人妻を差し出すようにということを平然と言ってのけるような人です。そう言えば、天智天皇も同じようなことをやっていました。偉大な政治家にはどこかで性格が破綻しているような人が多い気がします。

古代が終わり中世と呼ばれる時代を迎えるとき、日本もそんな桓武天皇以降どのようになるのか。そして、ヨーロッパの暗黒の中世がどんな悲惨なものなのか。チャイナ大陸は、イスラム帝国はその後どうなっていくのか。その結果を知っているはずなのに目が離せません。

〈著者略歴〉
倉山　満（くらやま　みつる）
1973年、香川県生まれ。憲政史研究家。1996年、中央大学文学部史学科を卒業後、同大学大学院文学研究科日本史学専攻博士後期課程単位取得満期退学。在学中より国士舘大学日本政教研究所非常勤研究員を務め、2015年まで日本国憲法を教える。2012年、コンテンツ配信サービス「倉山塾」を開講、翌年には「チャンネルくらら」を開局し、大日本帝国憲法や日本近現代史、政治外交について積極的に言論活動を展開している。
『嘘だらけの日米近現代史』『嘘だらけの日中近現代史』『嘘だらけの日英近現代史』（以上、扶桑社）、『帝国憲法物語』『日本人だけが知らない「本当の世界史」』『国際法で読み解く世界史の真実』（以上、PHP研究所）など著作多数。

誰も教えてくれない
真実の世界史講義　古代編

2017年２月23日　第１版第１刷発行
2017年３月24日　第１版第２刷発行

著　　者	倉　山　満
発 行 者	安　藤　卓
発 行 所	株式会社ＰＨＰ研究所
京都本部	〒601-8411　京都市南区西九条北ノ内町11
	文芸教養出版部　☎075-681-5514（編集）
東京本部	〒135-8137　江東区豊洲5-6-52
	普及一部　☎03-3520-9630（販売）
PHP INTERFACE	http://www.php.co.jp/
制作協力 組　　版	有限会社メディアネット
印 刷 所 製 本 所	凸版印刷株式会社

ISBN978-4-569-83482-5

PHPの本

日本人だけが知らない「本当の世界史」

なぜ歴史問題は解決しないのか

倉山　満　著

なぜ、日本は〝敗戦国〟から抜け出せないのか？
――新進気鋭の憲政史家が、歴史認識を根本から改める覚悟を日本国民に迫った戦慄の書！

【PHP文庫】　定価　本体六二〇円（税別）

ＰＨＰの本

国際法で読み解く世界史の真実

倉山　満　著

明治日本はなぜ成功できたか？　ナチスドイツと日本の違いは？　「国際法」がわかれば「歴史」の謎はすべて解ける！　常識を覆す刮目の書。

【ＰＨＰ新書】　定価　本体八二〇円（税別）